CÍRCULO *Luna Parque*
DE POEMAS *Fósforo*

Ondula, savana branca

seguido de

Observação directa

Ruy Duarte de Carvalho

7 NOTA À EDIÇÃO

ONDULA, SAVANA BRANCA [1982]

13 NOTA DO AUTOR

Versões
19 Fulani
20 Yoruba
21 Yoruba
22 Yoruba
23 Pigmeus (?)
25 Pigmeus (?)
26 Bantu (floresta equatorial)
27 Ngoni
29 Didinga
30 Akan
31 Dinkas
32 Xhosa
33 Thonga
34 Somali
35 Bergdâmaras
36 Mensa
37 Bosquímanos
38 Bosquímanos
40 Zulu
41 Joanesburgo
42 Kwanyama

Derivações
49 Nyaneka
52 Kwanyama
57 Bambara

Reconversões
67 Peul

OBSERVAÇÃO DIRECTA [2000]

103 NOTA DO AUTOR

Reservas da lavra alheia
107 Extracção nyaneka: das decisões da idade II: noção doméstica (também para vozes e coro)
135 Extracção kwanyama: seis canções pastoris

Das leituras da carne
145 Extracção kuvale: memórias nominais
151 Extracção kuvale: das leituras da carne
159 Extracção pessoal: colocação pastoril: pauta para entoar hinos, salmos e preces clânicas

193 FONTES, NOTAS E REFERÊNCIAS DE *ONDULA, SAVANA BRANCA*

200 REFERÊNCIAS ÉTNICAS
201 POSFÁCIO
Prisca Agustoni

Nota à edição

Este volume reúne dois livros de Ruy Duarte de Carvalho que trabalham com a expressão oral africana: *Ondula, savana branca*, de 1982, e *Observação directa*, de 2000. Eles foram compilados na poesia reunida do autor, *Lavra, Poesia reunida 1970-2000* (Livros Cotovia, 2005), edição que serviu de base para a presente publicação. Optamos por manter a grafia dos livros originais.

Um agradecimento especial a Fernanda Mira Barros, a Luhuna de Carvalho e a Laura Cavalcante Padilha.

Ondula, savana branca
[1982]

*Para Luhuna,
com tempo*

Nota do autor

Este livro, dividido em três partes — *versões, derivações, reconversões* —, resulta do tratamento dado a vários testemunhos da expressão oral africana. Sem querer entrar em matéria que poderia induzir em equívoco quanto ao carácter que achei dever procurar preservar-lhe — o de um livro de poesia —, julgo vantajoso, ainda assim, manter esta breve notícia.

O meu objectivo, ao reunir em volume parte do resultado da atenção e do labor que tenho dispensado à expressão oral, corresponde à retenção da hipótese de poder trabalhar ou reconverter para poesia alguns materiais de origem africana, recorrendo para tanto às modalidades seguintes:

1. adaptar para língua portuguesa versões já divulgadas noutras línguas de grande expansão;

2. devolver ou atribuir a algumas versões fixadas em português uma configuração e dimensão poéticas que as traduções existentes apenas permitiam reconhecer sem contudo configurar;

3. transformar em poesia algum material que, fixado já, embora dotado de uma carga poética evidente, não poderia, tal como se apresentava, ser remetido à esfera das produções poéticas normalmente reconhecidas como tal;

4. disponibilizar, para um público de poesia, produções recolhidas e traduzidas por etnógrafos, às quais no entanto é de admitir que apenas tivessem tido acesso especialistas mais preocupados com o interesse informativo dos testemunhos do que com as suas qualidades, potencialidades ou natureza literárias.

Ao capítulo *versões* corresponderá a modalidade (1). Trabalhei aí, de facto, peças formalmente estabelecidas já como poesia em língua francesa ou inglesa. A modalidade (2) foi a que utilizei no tratamento do material *kwanyama* do capítulo *derivações*, aproveitando traduções literais de cantos e de imprecações que, conforme os casos, refundi, aglutinei ou reordenei. O material *nyaneka* desse mesmo capítulo foi estabelecido de acordo com a modalidade (3), operando sobre uma colecção de provérbios. O mesmo quanto ao material *bambara*, na sua origem uma sequência de máximas iniciáticas, cujo tratamento, no entanto, remete também para o enunciado na modalidade (4) em que, por sua vez, assenta a elaboração do texto *peul*, que constitui o capítulo *reconversões*.* Daqui resulta que o livro excede o âmbito de um trabalho de tradução, não só por isso ser o que sempre acontece quando se transfere poesia de uma língua para outra, mas também porque o elaborei consciente de que o resultado solicitava a firmeza de uma rigorosa opção de compromisso. Procurei, de facto, produzir poesia que não desmerecesse da qualidade dos elementos poéticos contidos nas versões a que recorri e bem assim respeitasse a especificidade das suas referências de significado e de pensamento, não deixando nunca, porém, ao mesmo tempo e pelas mesmas razões, de tentar um exercício de equilíbrio entre fidelidade e liberdade.

O livro pretende ser, pois, tanto um trabalho de criação poética quanto um instrumento de divulgação. Foi como poeta que o elaborei e é como tal que assumirei a responsabilidade do que nele houver de desvio em relação às fontes.

---

* Elementos mais precisos serão fornecidos no fim do volume, em "Fontes, notas e referências". O leitor poderá entrar em contacto com eles apenas depois de ter procedido à leitura dos poemas, o que sugiro se o que tem em vista é sobretudo a fruição poética, ou, bem entendido e caso o prefira, actuar ao contrário.

VERSÕES

Vária

Fulani

No princípio era uma grande gota de leite.
Então Doondari veio e criou a pedra.
Depois a pedra criou o ferro
o ferro criou o fogo
o fogo criou a água
e a água criou o ar.
Então Doondari desceu pela segunda vez.
Pegou nos cinco elementos e modelou o Homem.
Mas fez-se orgulhoso, o Homem...
Então Doondari criou a cegueira
e a cegueira derrotou o Homem.
Mas quando a cegueira se tornou orgulhosa
Doondari criou o sonho
e o sonho derrotou a cegueira.
E quando o sonho se tornou orgulhoso
Doondari criou o cuidado
e o cuidado derrotou o sonho.
E quando o cuidado se tornou orgulhoso
Doondari criou a morte
e a morte derrotou o cuidado.
E quando a morte se tornou orgulhosa
Doondari desceu
pela terceira vez
surgiu como Gueno
o Eterno
e derrotou a morte.

Yoruba
Oráculo de Ifa

Olhar a beleza
e não a ver
traz pobreza.

As penas vermelhas são o orgulho da floresta
as folhas novas são o orgulho da palmeira
e a brancura das flores é o orgulho do verde.

Uma varanda limpa é o orgulho do anfitrião.

Uma planta aprumada é o orgulho da mata
e a gazela ligeira é o orgulho do mato.
O arco-íris é orgulho do céu.

Mulher bonita é o orgulho do homem
e as crianças são o orgulho da mãe.

As estrelas e a lua são o orgulho do sol.

O oráculo diz:
"Abre os olhos para a beleza
que acompanha as coisas boas."

Yoruba
Oráculo de lfa

A sabedoria é a primeira das belezas.
O dinheiro não defende da cegueira.

O dinheiro não impede a loucura
nem previne o aleijão.
O corpo, todo o corpo, é pasto para a doença.

O melhor é pensar, repensar
e armazenar saber.

Vem e sacrifica:
que o teu corpo encontre a paz
— por dentro e por fora —.

Yoruba

Três amigos eu tinha.

Pediu-me o primeiro
    que dormisse na esteira.
Pediu-me o segundo
    que dormisse no chão.
Pediu-me o terceiro
    para dormir no seu peito.

Cedi à voz do terceiro
e vi-me transportado a um grande rio.

E do rio eu vi o rei
e o rei do sol.

    E vi palmeiras
    tão carregadas de fruto
    que o peso as vergava
    e as palmeiras morriam.

Pigmeus (?)

O peixe faz... HIP!
O pássaro... VISS!
A paca faz... GNAN!

Lanço-me à esquerda
viro à direita
faço como o peixe
que pula e se enrosca
e dardeja na água

      — *tudo vive, dança e faz barulho.*

O peixe faz... HIP!
O pássaro... VISS!
A paca...GNAN!
O pássaro voa
voa, voa, voa
vai, regressa, passa
sobe, plana e pica.
Faço como o pássaro

      — *tudo vive, dança e faz barulho.*

O peixe faz... HIP!
O pássaro... VISS!
A paca faz... GNAN!

De ramo em ramo o macaquinho
corre, pula, salta

com a mulher, com a cria
com a boca cheia e de rabo no ar
aí vai ele! Aí vai ele!

— tudo vive, dança e faz barulho.

Pigmeus (?)

O animal galopa, abala, morre. E faz-se um grande frio.
O grande frio da noite, a escuridão.

O pássaro voa, abala, morre. E faz-se um grande frio.
O grande frio da noite, a escuridão.

O peixe foge, abala, morre. E faz-se um grande frio.
O grande frio da noite, a escuridão.

O homem come e dorme. E morre. E faz-se um grande frio.
O grande frio da noite, a escuridão.

Há uma luz no céu, extinguem-se os olhos, brilha uma
[estrela.
O frio em baixo, a luz em cima.

Abalou o homem, esvaneceu-se a sombra, o prisioneiro
[é livre!

      Khvum, Khvum, responde a quem te chama!

Bantu (floresta equatorial)

Corre canoa
suave pelo rio.

Brincavam, choram agora
em cada ramo, os macacos.
Caçador desta floresta
de que estarão a chorar?
      — quebrou a perna o mais novo
      por isso estão a chorar.

Corre, corre caçador
faz força sobre o teu remo
avisa a mãe do mais novo
que o filho está a chorar.
      — quebrou a perna o pequeno
      e agora estão a chorar.

Ngoni

    Não fica gorda a terra, nunca fica.
    Acaba com os velhos
    portadores de plumas na cabeça.
Morreremos todos nela.

    Não fica gorda a terra, nunca fica.
    Acaba com os bravos
    prontos no agir.
Morreremos nela?
        Ouve oh terra. Por ti pomos o luto.
           Morreremos na terra?

    Não fica gorda a terra, nunca fica.
    Acaba com os chefes.
Morreremos nela?

    Não fica gorda a terra, nunca fica.
    Acaba com as mulheres dos chefes.
Morreremos nela?
        Ouve oh terra. Por ti pomos luto.
           Morreremos na terra?

    Não fica gorda a terra, nunca fica.
    Acaba com os nobres.
Morreremos nela?

    Não fica gorda a terra, nunca fica.
    Acaba com as mulheres dos nobres.
Morreremos nela?

                Ouve oh terra. Por ti pomos o luto.
                         Morreremos na terra?

     Não fica gorda a terra, nunca fica.
     Acaba com o povo.
Morreremos nela?

     Não fica gorda a terra, nunca fica.
     Acaba com os bichos.
Morreremos nela?
                Vós que dormis fechados na terra:
                    Morreremos todos nela?

Põe-se o sol, forçosamente.
À terra baixaremos sem remédio.

Didinga

Oh terra, aonde o povo cavar sê a sua amiga e benigna. Mostra-te fértil guardadora da semente, dá-lhe um lugar no teu corpo, acende-lhe o vigor nas tuas humidades. Deixa que engrosse e germine, chupando em ti, e que rebente sob o teu cuidado. Em breve verteremos o sangue das cabras em tua honra e te ofereceremos os primeiros frutos da munificência: os grãos do cereal, e as abóboras e os pepinos, e o primeiro óleo do sésamo.

Oh árvores da floresta e das clareiras, tombai bem sob os machados. Sede gentis para os homens do meu povo. Não deixes que a desgraça os atinja. Não lhes quebreis nenhum membro, em vossa fúria, nem os amachuqueis em vosso desagrado. Sede obedientes à vontade do lenhador e tombai como ele quer, sem perversidade nem teimosia, na direcção dos golpes do machado.

Oh rios e torrentes, deixai que as águas subam aonde o lenhador abriu a mata e libertou a terra de raízes. Trazei as folhas mortas da floresta e o lodo das montanhas. Espalhai as águas e deixai vosso tesouro nestas lavras.

Conjugai-vos, terra, rios. Conjugai-vos,
terra, rios, águas, mata.
Conjugai-vos e abri para o meu povo
as comportas generosas da abundância.

Akan

É o chefe maior que o caçador?
Arrogância! Que o caçador? Arrogância!

Esse par de sandálias em teus pés
como foi que aconteceu?
Não foi o caçador quem matou a gazela?

Maior que o caçador?
Arrogância! Que o caçador? Arrogância!

No cortejo, à tua frente
as cabeças ruidosas dos tambores
não foram feitas da orelha do elefante?
E quem foi que o abateu, a esse elefante?

Diz-se o chefe maior que o caçador?
Arrogância! Que o caçador? Arrogância!

Dinkas

O meu touro é tão branco como o prateado peixe do rio
tão branco como a garça na margem do rio
tão branco como o leite novo.

O meu touro é tão escuro como a nuvem
tão escuro como o céu
que a tempestade carrega.

        Metade é negro como a nuvem do trovão
        metade é branco como a luz do sol.

A sua bossa brilha como a estrela da manhã
e a testa, vista de longe
é como o arco-íris:
parece uma bandeira.

        Dar-lhe-ei de beber no grande rio.
        Com a minha lança
        afastarei da água os inimigos.
        Saciem o seu gado nas cacimbas.
        O rio é para mim, para o meu touro.

Bebe, oh meu touro, bebe neste rio.
Não estou aqui, com a minha lança
a defender-te?

Xhosa

As serras mais distantes separam-me de ti
as mais próximas sufocam-me.
Tivesse eu um martelo para esmagá-las
tivesse um par de asas como o pássaro
para voar sobre os caminhos longe.

Thonga

Ainda estou esculpindo o meu pau-ferro.
Pensando em ti, sempre!

Somali

É um meu coração, não posso dividi-lo.
Mantém-se apenas firme para um só desejo,
               oh tu que poderias ser a lua.

Bergdâmaras

Tu, nuvem
com a cauda que se arrasta.
Tu, rato-do-mato, rico em ruídos.
Tu, papa-formigas, morto pelos Bosquímanos.
Tu, chuva, que beberei nas pedras
protegido pelo espírito do meu amigo!

Porquê tanta agitação?
Surgiu algum pretendente de quem as pessoas falem?
Apareceu um marido?
Segue-se o rasto da caça?

Oh tu que iluminas, regas e consomes a carne dos homens
tu que dispões da água como as aves marinhas
tu que divertes, tu que te divertes
tu que sacias
tu, nossa mãe
a do gordo ventre.

Mensa

Que sejas uma lua de alegria
e felicidade.
Que os jovens encontrem força e os adultos
saibam guardá-la.
Que grávidas sucedam e as mulheres paridas
tenham leite para os filhos.
Que os viajantes completem a viagem e os que ficam
permaneçam tranquilos.
Que os rebanhos vão pastar e no regresso
recolham fartos.
Que sejas uma lua de colheitas
e vitelos.
Que sejas uma lua de restauro
e de saúde.

Bosquímanos

(à lua)

Dá-me o teu rosto e fica com o meu
meu rosto infeliz!

Longe da vista
depois de partir
repousas e vens.

Tu tens alegria
tu foges do olhar
mas regressas viva.

E não nos disseste
que havias de ver-nos
contentes de novo
despertos também
depois de morrer?

Bosquímanos

E o vento faz assim, quando morremos: ele sopra, o nosso vento.
Porque nós, que somos seres humanos, temos um vento nosso.
Portanto, quando morremos, o vento faz poeira, quer soprar, desfaz as nossas pegadas. Se assim não fosse ficariam visíveis para sempre, como se ainda vivêssemos, as pegadas que o vento quer soprar. Por isso o vento sopra, desfaz as nossas pegadas.

Disse-nos a mãe, e os outros disseram: há meninas que a chuva carrega. E retém-nas na água para onde as carrega. Depois relampeja e morrem. Tornam-se estrelas e a sua aparência muda: tornam-se estrelas. Por isso a mãe nos disse, e os outros disseram: menina que é levada pela chuva transforma-se em flor e cresce nas águas. Nós, que nada saberemos, quando as vemos na água, quando as vemos tão lindas dizemos assim: vou colher estas flores que crescem na água. Não é coisa pouca a sua beleza.

Mas a mãe e os outros já nos tinham dito: uma flor assim, se vê que a procuram, mergulha na água. E então nós pensamos: era aqui que estavam, onde estão agora? Não as vemos mais, no sítio em que estavam.

Desaparecem, quando as procuramos. Não devemos sequer dar conta delas: escondem-se na água.

Por isso a mãe e os outros nos disseram que não devemos procurar tais flores: são as meninas. Parecem flores é por causa da chuva. São as esposas da água. Olhamos para elas mas passamos ao largo.

Poderíamos sofrer o que elas sofrem.

O cabelo da nossa cabeça será como as nuvens, quando nós morrermos. E quem não souber dirá que são nuvens. Mas nós, que sabemos, ao vê-las diremos: são nuvens de gente, feitas do cabelo das nossas cabeças. Nós quando morremos produzimos nuvens.

Zulu

Aconteceu há muito tempo já, o país vivia desolado
e decorria a guerra entre Umatiwana e Umpagazita.
As enxadas tiniam, as pessoas cavavam
olhavam para o céu e as enxadas diziam:
Que procurais em cima? Não há senão enxadas!
Foi quando um cão, sentado no traseiro
abriu a boca para uivar assim:

> Madhladhla! Tu não te compadeces
> das minhas riquezas.
> Pai
> canta comigo ao filho de Ukadhlakadhla
> seu único filho!

E o povo disse, ouvindo o cantar do cão:
> Este país morreu.

Joanesburgo

Tira o chapéu!

De que distrito vens?
Quem é o teu pai?
Quem é o teu chefe?
Onde pagas imposto?
Em que rio bebes?

Estamos de luto por ti, oh meu país!

Kwanyama

profecia de Sisahama

Um elefante vem, pelo país
morrer nas lavras de Haimbili
nas lavras.
Um elefante assim
que os seus perderam
não pode senão vir
trazer desgraça.
Porquê assim, porquê aqui?
Homens grandes passaram em Ondongwa
e até aqui virão, a estas lavras.
E os padres da igreja
que se afastaram
aqui voltarão de novo.
Vieram, instalaram-se em Ondongwa
cruzaram Onkwambi, Ongandyera
e passam através do Kwanyama.
Grita o rei, pede socorro?
É grito de pobre
só Deus ouvirá.
Talvez, oh talvez
tenha os dias contados
e nem o morcego
possa dar-lhe a mão.
Serão os estanhos a apontar caminhos.
O pêlo da doninha perderá o brilho
e ouvir-se-á um grito de socorro.
Quem assim faz?

Não são os nossos chefes?
O povo kwanyama gritará.
E todos, todos
salvo os da Kwamundya
virão buscar refúgio.
Mas a ombala será incendiada
e o povo só na mata encontrará abrigo.
Haymbili morrerá
e o filho de Hamutendya, irmã do rei, Nangolo
morrerá também.
E os estrangeiros vão se espalhar pela terra.

profecia de Muselenga

Uedyulu!
Eu já não vejo o gado do rei
eu já não vejo o gado dos grandes!
Apenas de Naminda, e de si só
eu vejo o gado
em Osihedi.
Nas terras de Hayndongo
não vejo senão
as casas dos brancos
de um branco tão branco como o da farinha.
Acaba-se o mundo, acaba de todo!
O rei partirá para a ombala da rã
debaixo do chão
e eu próprio me vou
abrigar no túmulo:
ultrajei ao rei.

profecia de Nakulenga

Algo de estranho se agita nas águas
algo de estranho se arrasta na terra.
Era longe, ficou perto, agora é cá.
E o povo já foge.
Talvez até caia
um pau de Omuhama
na estrada a indicar que para o rei
a morte vai chegar
a vida é breve.
Eles vêm de um país muito distante
e trazem para dizer coisas diferentes
que é preciso avaliar com atenção.
Cruzava o país e dos nobres eu via
os ricos currais.
Renovo a viagem
e que vejo agora?
Dos nobres agora não vejo os currais
mas vejo dos brancos
suas construções.

canção de guerra

O covarde ficou
voltou para trás
agiu de acordo com a mãe.
De nós porém
bravos homens
muitos morreram
porque lutaram.

(chora a hiena
chora
a hiena chora)

O nosso camarada jaz no chão
não dormirá conosco.
Ali o deixámos
pernas e pés na berma da estrada
a cabeça tombada
no meio da rama.

Soltados de Nekanda
conquistadores de gado para Hayvinga
filho de Nasitai:
somos rivais em casa
pelas mulheres.
Na guerra, na floresta
somos da mesma mãe.

DERIVAÇÕES

Nyaneka

Não espanta o gado a palavra
quando é boa
nem apodrece
quando exposta ao tempo...

Herdei-a sozinha
não a como assim:

> o dar não molesta o braço
> nem dorme com espinho a mão
> que afagou durante o dia.

✳

Zebras sem guia, perdidas na corrida...

Raia o sol, continuamente
e o povo pensa que há contentamento.
Mas não nos surge a lua
destroçada
a renovar-se sempre
mutilada?

Há os limites, bem sei
do céu e da terra...
Quem os conhece?

✳

É duro de encarar o sol que brilha
e nada pode a cólera do touro
contra a manada dos areais do rio.
Quem recebeu a cauda
a cauda arrastará.
Não basta juntar a lenha
para recolher os molhos:
é preciso que o maldoso os não desfaça.
Sujeito-me a vestir as velhas peles
e olho à volta
atento ao que se passa.
Eu sei que há luz e sombra
nuvens e chuva...
Mas chegará a minha voz aos vossos pés
como aos da onça o grito da capota?

Guarda a cigana o seu canto
perante a voz dos tambores.

✷

O meu caminho existe, desde sempre
e a queda que prevejo pode ser a minha.
A mão capaz de me suster aqui
não pedirá licença, se quiser que eu caia.
De que adianta iluminar-lhe o chão?

✷

Da caça só conhece quem andou com os caçadores.
Ninguém procura a água
em pedra que a não tem.

Não saberei da causa
quando estou doente
nem saberei donde a doença vem.
Mas quando falo cuido da palavra
que habita o coração e se desloca
do repouso à sombra.
A figueira só dá flor
no seu tempo de florir
e em terra de termiteira
não germina o grão de orquídea.
Viaja a sombra, o coração varia.
A sede leva-me ao rio
a fome aos meus inimigos.
Disse a hiena:
gente é com gente!
Embora a pedra só revele a face
existe sempre um coração na pedra.
E acenam-se os corações
se é dura a face ou contraria a fala.

Kwanyama

A fome

Quem pouco fala não diz nem bem nem mal
e o morto, no caixão
não tem voz activa.
Tu, quando falas
matas os da cobra
e os da hiena
vão para a sepultura.

Para que nós, na desgraça, não roubemos
para que nós, viajantes, não roubemos ninguém
Senhor, Deus de Nangobe
dá-nos a chuva.
Avô dos miseráveis
Mãe dos pobres
Tio dos famintos
Mãe, Avô e Tio dos que caem nos caminhos da fome
faz sair a chuva
faz crescer os mantimentos
inunda-nos com a tua água.
Ajuda os pobres, Deus de Nangobe.
Cai chuva
e traz-nos a bênção
do canto das rãs.

Aonde dorme, a chuva?
Na figueira de Haudila?

Nos grandes paus de Solela?
Eu queria o vento.
Eu queria a tempestade
e a faísca que levanta
pela raiz
a pequena palmeira.

Rei Mahondi de Mwaeta
soberano Kahondi do Muvale:
Senhor!
O calor já está a prolongar-se.
A massambala seca
a semente definha
e a rama murcha.
A fome aproxima-se, Senhor!
A seca já chegou às nossas portas
e até já se instalou em nossas casas.

Levou alguns para a lagoa
outros foram para o Lubango.
Não há para onde fugir
quando se é presa da fome.
A fome é filha das feras
está no teu estômago e diz:
vai roubar, vai roubar.
Os seus cornos são agudos e direitos
mais finos do que azagaias.
Não deixam marca
nem ferida nem chaga.
Oh meu boi magro
quando a chuva morre
não há casa que não faça o inventário.
Luto pesado!

✳

A chuva

Não é a chuva que vem de Nakutumba?
A que deita água?
A que despeja água nas lagoas?
Aquela que nos encharca?

Vestida de brancas peles
ela vem do Kalwa
vem de Kasekeneno
vem de Nduba
vem do Kwangar
de Helundu e Hautyena
do Kwangar pequeno.

Estava guardada num saco!
Estava guardada num cesto!
A filha de Mwakani
vestida de brancas peles
poderosa senhora lá no alto
vestida de nuvens brancas
não precisa de ninguém para se pintar.
Ela pinta-se a si mesma!

✳

Sua excelência vem
traz água à cinta
e traz o verde novo dos legumes
e traz também a rã.

Veio de noite fazer serão às claras
com seu saquinho cheio de faíscas.
Entrou na casa e disse:

> sou eu
> aqui estou, venho daqueles lados
> lago pequeno aproxima-te
> grande lago vem lutar.

Veio no mês do rebentar dos paus
chegou no mês do mais pequeno frio.

Um faminto já se ergueu em seus joelhos.

Senhor! A massambala amadurece enfim
e as espigas na lavra
até fazem lembrar a lagarta vermelha.

✳

Haikoti
A tua vinda é saudada pelas grandes rãs
e pelas aves dos lagos
e pelo homem nobre que até já estava nu.
Tu chegas, dizes:

> inchar-te-ei com água, terra firme
> e a ti, capim das baixas, sepultarei no fundo
> [das lagoas.
> Só as areias podem resistir-me.

A manteiga da chuva é a rã
a tartaruga é gordura.

Os bois aguentarão, quando chover, para o ano.
A fartura de agora os salvará, depois.

A chuva é mãe do pirão.
É mãe do cesto cheio
em tempo frio.

Que venha
que venha para que nós
na miséria
não sejamos obrigados a roubar.
Para que nós
extenuados
não pensemos consumir o que é dos outros.

✳

Oh que delícias lamber!
Oh que delícias lamber a farinha.
Oh que delícias
a fartura que a chuva nos traz
a perdiz e a rã
e a cesta cheia!

Bambara

Ensinamento oral do Koré
A voz dos Karaw

Primeira tirada

Savana verde bem fresca
savana verde verdadeiramente aberta
à fome dos rebanhos
exposta aos rebanhos famintos
savana verde:
não se apossou a terra ainda
do meu corpo
e eu posso abrir os prados da palavra.

Deslumbramento, surpresa!
Já existia o que se aprende agora
e o que acontece acontecia já.
Mas como havia de sabê-lo então
quando a torrente me arrastava ainda
e eu via a minha face a renovar-se?

O princípio do princípio da palavra
foi quando o pássaro disse para si mesmo:
eu falo, sou a beleza, o som e o movimento
e a consciência exacta destes dons.

E se eu me engano
que o castigo seja para o meu erro

e o esquecimento ressalve o esquecimento
porque eu não passo de um punhal
embainhado
porque eu não sou a abóbada celeste
nem sou o filho da abóbada celeste
e nem sequer o espaço do encontro
a que se entregam as asas do crepúsculo.

Eu sou aquele, apenas
que está rendido ao canto que anuncia
o fim da noite
e o despontar da aurora.

Uma atenção sem fé engendra o esquecimento
e o esquecimento é que apadrinha o erro.
Da casa do saber
um pátio apenas sou e no entanto um pátio
pertence já também à construção.

Cada conquista provém de outra conquista
e a posse da ciência é discernir
como se entrança nelas o saber.
É casa já também
o pátio que precede a construção.

Transformação
transformação.
Fornalha
fornalha do homem.

Dos homens pacientes
eu digo que a paciência

é uma paciência clara.
Eis o espaço do encontro:
toda a paciência é uma paciência clara.

Transformação!

Segunda tirada

Ondula, ondula
savana branca
até que tudo se confunda em ti.

Oh fragmentadores da noite crepuscular
por detrás dos animais só há obscuridade
e obscuridade só
pela sua frente.
O poderoso hipopótamo
está perdido num bosque sem saída.
Já quando quis entrar
recorreu a uma pequena criatura
cega como ele e como ele perdida.
Como fará o cego para que possa ver?
Será capaz de assegurar ao passo
a graça da cadência original?

A fornalha poupou-nos
preparou-nos
para atravessar as portas do mistério.
Verga-te, oh céu
e entrega-te tu, oh terra
para que eu veja essa clareira branca

o mato abandonado
a mata abandonada
e nada se oculte
tudo esteja lá.

A fornalha poupou-nos e é tempo de dizer
velhos e vãos fragmentadores do céu
que o corpo não findou
e está ressuscitado.

Submetei-vos
asas brancas do crepúsculo
ao lugar do encontro dos espaços
à primeira das palavras
a que remonta à parição do homem
e viajou por todas as clareiras
até desembocar na casa do saber.

Eis a Palavra, é esta
a que não dorme
a que não cessa de aguardar
no coração dos homens.
Conhece-a apenas o urso-formigueiro
visionário que escava no mais fundo
e o porco-espinho
que é o mestre protector do conhecido herdado
e o falcão branco
que é rápido e ladino
e se apercebe de tudo ao mesmo tempo.
Mas foge ao falcão cinzento
que não se fixa e voa distraído.

Aquilo que eu sei
alguém mo legou.
Pai Palavra
Mãe Palavra
Palavra anterior
vem e transforma já o meu futuro.

Repartamos a carga pelas nossas cabeças
oh filhos dos fragmentadores do céu
unamos a perseverança do aprendiz
à perseverança do mestre.
Transformação!

Acalmai-vos
fragmentadores alados do crepúsculo
eu sou a Palavra
a abóbada celeste
o encontro dos espaços.

A noite é escura
vazia não é.

Terceira tirada

Como o punho da lança
como a abóbada celeste
como o filho único da altura
acalmei-vos, eis-me aqui
oh sopradores do crepúsculo.

Abóbada celeste

filho único da altura
ave surda-muda
labareda acesa que não atinge o osso.

Obscura é a palavra
embainhada até para os velhos mestres
e mesmo o fundador
foi procurar sabê-la mais além.

Há coisas úteis na casa do amigo
e há coisas úteis na do inimigo:
não será pois de recorrer às duas?
Pela paz se alcança a paz
e o que há para além da paz.
Labor imenso!
Transformação!

O que se ensina agora existe agora desde sempre.

E é casa já também
o pátio que precede a construção.

Quarta tirada

Savana verde bem fresca
savana verde verdadeiramente aberta
à fome dos rebanhos
exposta aos rebanhos famintos
savana verde:

não se apossou a terra ainda
do meu corpo
e eu posso abrir as portas da palavra.

Ave surda-muda
palavra obscura
        o que há no alto
           oh sopradores da noite?

Se interrogardes a velha experimentada
saberá elucidar-vos que se trata
da fornalha
do calor
dificuldade extrema.

Mas as verdes raparigas sabem bem
que o forte não é forte:
resiste mas convida
e se abandona enfim
a quem persiste.

O que se ensina agora
existe desde sempre
e há coisas úteis na casa do amigo
e coisas úteis na do inimigo.

Obscura é a palavra
embainhada até para os velhos mestres
e mesmo o fundador
foi procurar sabê-la além de si.
O que seria enfim da reflexão
se a não iluminasse a luz do espírito?

O que sabeis das tranças do saber
velhos e vãos fragmentadores da noite?

O que sabeis da luz da reflexão?

    — QUE HABITA NA PENUMBRA DO MISTÉRIO!

RECONVERSÕES

Peul

Koumen
texto iniciático dos pastores Peul

Primeira clareira

Eis-me aqui
eu sou Koumen.

O céu sorri sobre a minha cabeça
a terra freme sob os meus pés
o meu sopro estremece os ramos.
Estou diante do curral.
Esta é a primeira clareira
tecida nas ramagens da maravilhosa bétula
e do virtuoso dióspiro.
As suas flores sorriem para o meu gado.

Cantai para o meu gado, pássaros dos ramos.
Eu sou o soberano das coisas dos pastores.
A vaca hermafrodita
de bom augúrio
canta no meio dos meus animais.
Ela é, pelagem rara
a patrona da minha criação.

Nas entranhas dos machos e das fêmeas
dorme a semente das crias
dos novilhos

vacas e touros futuros
brilhante imagem da minha boa sorte.

Saí, oh gordos bois, oh vacas cheias...
Saltai sobre os sortilégios.
Pastai, bebei nas águas do supremo sol.

Eu sou Koumen
múltipla forma
turbilhão de pó
inundação que cobre as altas ramas.

> Quando por bem me ocupo de um homem
> é nas águas do sol que eu o mergulho.
> Dou-lhe o nome da vaca, o verdadeiro
> que multiplica o gado e favorece o leite.

Eu sou Koumen
o que transmite, pelo cuspo, ao seu pupilo
o mágico poder fecundante da vaca.
Sabe de mim o Eterno que no alto
me fez seu filho para descer dos céus
enquanto as grandes águas borbulhavam
prenhes de terra, de pastos e culturas.
Eu sou Koumen, o encantador.
Eu posso transformar os animais
todos em bois, gordos, bons de ver.
Mas quando irado sopro algum rebanho
são feras que se perdem nos arbustos.

Pastor, quererás ver-me?
Caçador, quererás tu discernir-me?

Ide um e outro a quem vos trate os olhos e os ouvidos
à termiteira negra
e ao embondeiro único
plantado no país aonde os astros
são clareados antes de inseridos
no céu para que circulem pelos espaços.

        Conheço a temperatura inicial das águas
        a natureza das estrelas
        e a razão de ser de suas longas vidas.

        Conheço o segredo da lua
        quando, crescente, ela atravessa as nuvens
        quando, redonda
        ilumina as noites
        e favorece o leite e a manteiga.

Entrai, entrai, iniciados prontos!
Eu sou Koumen, o encantador
herdeiro dos segredos do ferreiro.
Eu sou Koumen!
Posso instalar-me na cabeça do touro
os pés entre os seus cornos
sem que o touro se perturbe
ou me perturbe.

Sê benvindo, Silé Sadio, sê benvindo!
Tu estás no limiar.

Segunda clareira

Eu te saúdo, Silé.
Sê benvindo ao meu domínio
e que ele te seja agradável
pela virtude do leite e da manteiga.

Aqui os génios, pastores de Salomão
vinham mirar-se nas águas das cacimbas
para acrescentar poder
à força de seus olhos:
o futuro, para eles, era tão claro
como a face num espelho.

        Silêncio, grande rã.
        Silé não será nunca
        dos que recusam água aos sequiosos.
        Descobriu o princípio
        chegará ao fim.
        Sua voz não tremerá
        quando souber da vaca o seu segredo.

Terceira clareira

        Silé é um pastor que canta e quer saber.
        Só expõe o peito se a favor do gado
        da mulher e do órfão.
        O seu coração é puro, as suas mãos estão
                                [limpas
        e sabe conjurar contra os que actuam na
                                  [sombra
        e sufocam
        e oprimem.

Eu sou Koumen
o da venerável barba
o investido de palavras ungidas
pelos espíritos finos
pelas almas delicadas
contra os espíritos densos
e os corações opacos.
Estou munido, contra os brutos
de uma lâmina que corta
e de um pó que explode posto ao fogo.
Enfeitiço com um ovo de avestruz
o último de uma ninhada
que recusou nascer.
Eu falo aos animais e as raízes
oferecem-me os seus segredos.
O murmúrio das fontes
o farfalhar da folhagem
as estrelas cadentes
todos me oferecem o seu segredo.
E da rola que arrulha

eu entendo o que diz
e da vaca que brame
eu conheço a palavra e não desprezo
a clarividência do aviso.

      São os olhos que olham
      é o espírito que vê.

Conduzo Silé ao rio aonde se encontra o âmbar magnífico
que se destina às almas sem mácula.
Mulheres castas
homens defensores dos legítimos bens
eu vos saúdo!
Silé é poeta.
Divulgará o que é de divulgar.
Criará caminhos
descobrirá pastagens.
Ele saberá livrar-se dos de olhar altivo
e língua turbulenta.
E poderá seguir-me até aos cimos.

Quarta clareira

Escutai a minha voz
que é a de um mestre:
eu sou dominador.
Olhai a minha fronte...
É nobre e sábia.
Cabelos brancos ornam-me a cabeça
enquadram-me as têmporas
ilustram-me o queixo.
Fixai-vos no meu tronco
sem vos deterdes, porém, no meu umbigo:
as vossas fêmeas ficariam estéreis
e a ruína atingiria o vosso gado.

> O Leste brilha na luz
> embebe-se em sangue o Oeste
> o Sul está encoberto pelas matas negras
> e o Norte povoa-se de terras
> belas pastagens
> e homens brancos.

Levantai entraves, ajudai Silé.
Ele corre para encontrar Foroforondou
a das sentenças irrevogáveis
que subjuga os feiticeiros
e aniquila os malignos.

Silé é Peul!
Não se lamenta senão pelos seus bois.
Vencerá todas as provas para encontrar saber.

Se descasca o embondeiro
é para tecer a corda que defende os currais.
Se colhe as folhas das plantas virtuosas
é para que em seu fumo os bois respirem.

Ele sabe usar as folhas
e ampará-las com as palavras que convêm
ao triunfo sobre os males do seu rebanho.
Silé será a planta sublimada
que à volta de um só nó ordena folhas
flores e frutos.

Quinta clareira

Eu sou Koumen.
Abri-vos, zeladores
temei a minha cólera
verdadeiro fogo do céu
e os meus dentes que fendem as essências
para revelar o tutano do pau
aonde reina o génio, deus da guerra
que tanto vê para dentro
como vê para fora.

Confia em mim, Silé.
Eu sou o mestre e o monitor dos protocolos.
Sou quem induz e sou quem conduz.
Da rainha eu sou o esposo, eu sou Koumen.
Saído do país onde se aprende
colhi, para ensinar, as soluções.

Das intenções malsãs sei o sinal.
Ao largo, espíritos malignos!
Silé me procurou, eu procurei Silé.
Soube encontrar-me.
Levá-lo-ei aos sóis que resplandecem
para mostrar-lhe as cores da soberana.

> Perecerá quem escolhe o perecível.
> A serpente mortal cuspinhará venenos.
> É preciso desprezar o que é adorno.

Sexta clareira

Oh seres dados à guarda da clareira
eu vos trago Silé
triunfante dos defeitos que penetram pelos olhos
pelos ouvidos
pelas narinas
pela boca
pelos sentidos.

Ele pode agora defrontar as cores
que emanam do calor dos sóis sagrados.
Ele soube atravessar cinco clareiras
sem que os sentidos fossem perturbados.

Fecha os teus olhos Silé:
que teu espírito não seja desviado
pelo fascínio especial desta clareira.
Não saberás se sobes ou se desces.

Abre-os agora e vê o Sol que brilha
e os animais medonhos que te acenam.

> Sol violeta
> afasta dos meus olhos o riso destes monstros.
> Faz com que cessem os uivos destes cães
> em cujos corações fermenta a raiva.
> Aponta para mim teu raio singular
> que traz a felicidade e empresta a quietude.
> Farei pastar os bois e as ovelhas
> nos pastos perfumados que bordejam os rios.

Monstro domado, cão do pastor
companheiro fiel, inteligente
tu uivas contra a hiena
prevines a presença da pantera
e habitas o segredo da floresta
aonde o sangue se transforma em leite.
Marcharemos sem medo gritando como tu:
               nada detém o querer que é providência.

Sétima clareira

Viva, segundo sol
que oferece a cor azul ao pau azul da tinta.

Vacas coxas
ovelhas sarnentas
débeis cabras de pernas fracas
longe da nossa vista!
Que por vocês não tremam nossas pálpebras.
Não me façam pensar que o sol segundo
saiu do seu lugar.
Não nos façam pensar que estamos longe
da pradaria aonde os sete sóis
espalham o brilho das sete amáveis cores.

Raios de luz azul
eu vos conjuro:
abri as portas do terceiro sol
e que a horda das feras permaneça à sombra.
Silé é descendente de Boytoring
o zelador das leis e dos costumes
a quem leguei o dom de fecundar
e nele eu só encontro uma ambição:
olhar a vaca sagrada
aquela que alimenta as almas puras
e que embranquece tudo quanto é branco.

Vitelos sem cornos
vacas de cornos curtos
aproximai-vos.
E vós de grandes hastes

orgulho do pastor
aproximai-vos.

Aproximai-vos todos em conjunto.
Saudações ao boi sacrificado
que a alma viajeira cavalgou
nos descampados do além.
Silé soube domar os reflexos.
Comanda os movimentos.
Evadiu-se o sono de seus olhos
extinguiu-se a sonolência em suas pálpebras.

Oitava clareira

Carpideiras dos óbitos interrompei o choro.
A erva fresca e boa freme sobre a terra
e os répteis engordaram.
Eis o terceiro sol.
Ele junta a luz dos sóis segundo e quarto.
Devem-lhe o verde as plantas
deve-lhe a terra o brilho.
Distribui saúde.
Sob o seu riso dá-se a vaca à cria
e quem semeia acolhe o grão benvindo.

O boi que abre caminho é dos que exibem bossa.
Mede três braças a sua cauda fina
e aponta com os cornos
contra os demónios da peri
pneumonia.

Oh espíritos do leite
habitantes dos arbustos palatáveis
Silé vem implorar esse segredo
capaz de garantir às fêmeas do seu gado
milhares de crias vivas, de pelagem boa.

E tu, touro sombrio, touro anão
acorda a vaca mocha e abre o caminho
de encontro ao quarto sol
o sol do encontro.

Nona clareira

        Tartaruga dos campos
        confinada na tua carapaça
        passando tão lentamente
        desdentada
        também teu progredir te levará ao céu
        e voarás conforme o gavião.

Eu sou Koumen
que acena com gosto quando a vaca canta
e fica triste quando ela emudece.

Resistem meus olhos ao quarto dos sóis
seu raio amarelo.

Abri passagem.
Paralisai os agentes do mal.

        Quem vem atrás passa à frente
        e o da frente passa atrás.

Décima clareira

Eis-nos chegados, deusa minha esposa
Foroforondou, rainha da manteiga.
Trago comigo um convidado nobre
agradável conviva.
É um Peul ansioso pelas coisas do gado.
À deusa do leite vem buscar conselho.

Não te enfureças por trazê-lo aqui
à luz laranja deste sol que é chama.
Nem acto nem palavra
serão rudes que chegue para o fazer partir.

Eu te conjuro, deusa do leite
pelo grande sacrificador dos sete raios, teu pai
a introduzi-lo na clareira vermelha
aonde mostrará se é digno do curral.

Undécima clareira

Homenagem aos raios dos dois sóis
unidos para banhar esta clareira.
Saúde aos pastores e às suas armas.
A força de um Peul está nos seus rebanhos.
No dia em que lhe faltassem
seria um pai deserdado
sem mulheres e sem crianças.

Terás, Silé, aquilo que desejas
para além desta clareira aonde se misturam
os sete raios que deves desvendar.
Entre os quatro principais
qual o primeiro que deu vida aos outros?
Saberei estar a teu lado
quando a soma das questões se te puser.
Terás que enfrentar os abismos da noite
onde residem os guardiães da senda.
Com a mão direita sobre o coração
e a esquerda assente sobre a minha espádua
caminharás por entre os artifícios.
Toma as essências amargas.
Assim garantirás a vista e a palavra.

Protege, Foroforondou, com a nata da manteiga
as tranças de Silé
para que possa atravessar este calor.

Duodécima clareira

Toma, por fim, as jujubas guardadas
na matriz do mundo.
Só as alcança quem chegou aqui.
Estás na fronteira do saber dos homens.
Daqui para a frente é divina
a ciência ao teu dispor.
Foroforondou agora cuidará de ti.

Eu sou a escassamente armada com o chicote do leite
escassamente vestida pelos meus cabelos
o sexo só coberto pela folhagem
dos ramos que colhi nos paus sagrados.
Entremos na clareira principal
aonde reina o boi andrógino e da cor
de todas as pelagens que há no mundo.

> Que vivas, boi modelo
> oh mãe da criação deste universo inteiro.
> Vejo o teu úbere e vejo a tua verga.
> Que vivas boi mutável que congrega
> em si todos os génios dos boizinhos.

Escuta, Silé
eu colherei a terra que é do Norte
e que é propícia
e a terra que é do Sul
e que é nefasta.
Delas farei com a água da cacimba
uma argamassa que irás depositar
sob a copa que está dentro do parque.
Verás surpreso que o boi se te dirige
mugindo como a vaca para o seu dono.
Tu morrerás então para renascer
e ver correr para ti a graça de um vitelo
que o bom augúrio fez sair das águas.

Lavar-te-ás nas águas da cacimba
de acordo com a norma para os cadáveres
que é da cabeça aos pés
e destes à cabeça

de cada lado e ainda uma vez mais.
Acordarás então
sobre as costas do boi hermafrodita.

Aquele que te detinha virou teu servidor.
Mungi-lo-ei para ti.
Não postula, o postulante, nem consulta, o consultante
sem que sirva primeiro aos seus espíritos
a água de beber e o leite de comer.
Tomá-los-ás de mim.

E agora que tomaste
o leite do saber
diz-me, Silé, da corda que te exponho
quais são os nós vazios
os nós misteriosos
os investidos nós e o nome destes.

Silé:
Bebi o leite
comi as jujubas.
Nenhum dos nós perdurará secreto
nenhuma emanação me atingirá.
Saberei tudo. E a ciência há-de surgir espontaneamente
como aos lábios do neófito
ocorre o sabor do leite.

A Deus me rendo.
São seus os nós primeiro e o derradeiro
a última palavra e a primeira
de que não há notícia antes da morte.

Para além do primeiro os sete
ofereço aos sóis que me deram
luz para vir até aqui.

Os sete que há derradeiros
antes do último eu voto
à noite e à lua.

Quanto aos doze que medeiam
entre os que agora citei
vivam, oh nós, eu sou Silé Yougo.
De vós quero ser noivo conforme a regra dos servos
— quero-vos meus, ao meu dispor e escravos —
mas para casar depois segundo o uso dos nobres
— de igual para igual, mutuamente atentos.

O primeiro destes doze
está entre os homens como um deus ambíguo

hermafrodita, sedento de sangue
patrono das pastagens e irmão dos vegetais.

        Sendo teu filho, amigo de teu esposo
        tenho direito ao prémio que me cabe.
        Ao teu seio direito, que me expões
        prefiro as vossas línguas donde escorre
        o leite do saber, que é doce e bom.

O segundo dos doze retém as intrigas.
Filho do primeiro
é um deus colérico
que abate, afoga e enterra.

        Ao seio esquerdo que me propões agora
        prefiro os teus cabelos, esposa do meu guia.
        Pastor que sou, com eles farei um talismã
                            [para mim.

O terceiro dos doze liga-se ao primeiro
é seu segundo filho e seu irmão
sufoca os intriguistas e açaima os indiscretos.

        Dá-me por paga o chicote do leite.

O quarto, irmão do primeiro
seu terceiro filho
é o que bebe o sangue do lagarto.
Quem invoca, sendo o caso grave
achá-lo-á num poço, cantará para ele.

        Eu peço um vaso de ordenha.

O quinto é um deus sem néctar
vestido de branco
irmão do primeiro e seu filho também.
O raio que transporta pulveriza a alma
e o que este nó atou ninguém desata.

        Eu quero a corda que amarra o vitelo.

O sexto é fêmea
irmã do primeiro, também sua filha.
Veio à luz num cemitério
após um parto que durou três dias.
Está vestida com a pele abandonada
de uma serpente depois da muda.

        E agora peço o cinto dos pastores.

O sétimo dos doze
é o último dos filhos do primeiro.
Preside às noites do verde
e pasta estrelas no espaço.
Jamais vê o sol: queimaria a terra.
Reside nas águas, habita nos ares.

        Eu peço a corda que ata a cria à mãe.

O oitavo e o nono
o décimo e o seguinte
são habitantes do halo da lua.
Parentes entre si e femininos todos
emanações de Deus mas de segunda ordem
detêm os segredos dos guardiães do gado.

        Dá-me os bastões do pastor
        o teu anel de prata e as sementes
        das três cabaças rituais que há.

Quanto ao décimo segundo
não me compete a mim, oh esposa de Koumen
deusa da terra, de tudo o que mamou
dizer dos seus segredos.
Não negarás porém que encerra a conta
dos bois dados pelo mar ao nosso fundador.
É ele que zela pelo nome das viagens.
É ele o eleito dos agentes da sorte.
Ele é o nome Peul por excelência.

        E para compensar a minha discrição
        cede-me enfim, oh deusa da manteiga
        para além dos atributos do pastor
        toda a ciência que governa a terra.

Eis-me sozinho enfim, oh meus irmãos filhos de minha mãe, regressado a vós. Venho de Koumen, que me abriu clareiras. Vi Foroforondou, sua mulher, que só se mostra a quem muito bem quer, abrir o peito nu ao boi sagrado e desfazer as tranças, para ele ver. Penetrei na cacimba, aí me banhei. Rodeei as terras do Norte e o Sul e repousei à sombra de uma copa múltipla depois de ter montado o boi hermafrodita.

Os atributos de pastor me deram. Agora só me julga a minha consciência, liberto estou da opinião que é estranha.

Aqui me deixou Koumen, onde o tinha visto pela primeira vez. Foram estas suas últimas palavras:

>Vou devolver-te às tuas próprias forças.
>Falta-te agora lutar contra o leão
>gato dos génios que ostenta entre os olhos
>um tufo de pêlos guardado para ti.
>Matá-lo-ás sem dó. Bastar-te-á dizer a
>   [encantação
>que sabes ser a do primeiro nó
>e agredi-lo no rosto, no nariz.
>Será à tua mercê. Estrangula-o. Queima-o
>   [e colhe
>o tufo de cabelos. Tal talismã
>sob a cabeça dum qualquer que durma
>provocará um sonho em que o espírito das
>   [águas
>revela o nome sagrado da vaca.

Eu venho das matas altas!

Eu venho em busca do vale!

Transporto um amuleto na cabeça!

Que a paz desça ao meu encontro!

É nobre a minha marcha
e sou no meu reino, a mata
sem rival.
A voz precede-me os passos
revela a minha presença
e faz erguer as orelhas
aos bichos que me pressentem.
Armaram-me um inimigo
Koumen e sua mulher.
Deram-lhe ordem para matar-me
mas eu que posso temer?
Reina a força em minhas mãos
e a agilidade nas pernas.
Jamais sucumbirei nalguma luta.

Tu vens das matas altas!
Tu vens em busca do vale!
Transportas sobre a cabeça
o talismã que eu quero!

A morte, apenas,
espera aqui por ti.

Eu sou Silé Sadio
armado dos paus sagrados.

Ataco com vigor
luto com vivacidade.
Se tu saltares
reagirei com asas.
Contra tuas unhas
tenho o gume do ferro temperado.
Contra teus dentes
minha maça posta à prova.
Contra não importa qual força
disponho de uma magia.
Contra toda a agilidade
de um sono irresistível.

Submeto-me a Deus, criador da natureza e dos segredos.
A todos os grandes iniciados eu me submeto
até ao guardador do grande rio
donde provém o espírito que é fêmea
e ao do pântano das capotas
donde provém o espírito que é macho.
Juntaram-se os dois para criar o boi
fortuna para os justos
alegria para os Peul.

Mestre que tem a faculdade de agir através de dezassete
                              [pontas de cordel
cada qual com sete nós e um tendão humano atado em
                              [três sítios
quando eu fizer pressão sobre o nó direito
abre o lugar onde o passado se enrola para que o cadáver
na cova
me revele o já cumprido.
E quando pressionar o nó da esquerda
abre o lugar do devir
para que o que vai nascer me prediga futuros.
E quando for o do meio
entra em mim e faz-me entrar em ti:
que o véu tombe
que a obscuridade se dissipe
que eu veja as formas, oiça os sons, discirna a palavra.

Eis que um grito atravessa os lugares habitados!
É um grito de socorro. O bem me obriga a ir ver!
Sacrificador que sou eu espantarei o mal.
Eis o som e eis a cinza. Deles me servirei
para esfregar o corpo do doente.
Aprovai a minha encantação:

       a paz é a paz
       soberana é a água.

Ofereço a água a quem manda.
Noivei de acordo com os servos, casei segundo o que é
                              [nobre.

E enquanto durar esta união

três vezes dez braças de fita
de algodão, sem falta nem quebra
um galo branco que tenha dez anos
um novilho de três anos
sem falta nem quebra
serão a minha oferta permanente
servidor devotado
marido cortês.

Invoco às vezes para lançar o mal.
Penetro então no negro sem lua. Basta dizer:

que os olhos do inimigo amareleçam como os frutos
                                                         [esmagados no pilão
fundidos no pó do enxofre.
Afunda-o, Senhor
dispara sobre ele os dardos que não perdem o gume nem
                                                       [respeitam nenhuma dureza
os dardos que introduzidos num corpo tornam dolorosa
                                                       [a posição inclinada
penosa a posição de pé
insuportável a posição deitada.
Que onde quer que se encontre
esteja sempre instalado na dor
para a dor e pela dor.
Se beber água que a saúde se lhe altere.
Que tudo o que coma
trinque
mastigue e lamba
uma vez no seu estômago
por acção destas palavras reguladas
carregadas

combinadas e para sempre repetidas
lhe altere a saúde.

A todo aquele que engendrado pelos órgãos genitais
saído dos rins do macho
retido nove meses na matriz
nasce depois
toca a terra
e ainda assim te diz que não quer ver-te
e parte mendigando
urdindo intrigas
fazendo falsas promessas
abusando da palavra enganadora
o coração inchado pelo ciúme
ardendo em raiva e mostrando
os dentes e as gengivas donde escorre o sangue

suprime-o

remete-o para o meio dos que já estão por terra.

A paz é paz
soberana é a água.
Senhor! É de joelhos que te sirvo a água.
Bebe, Senhor!
Quem bebe favorece a vida em si!

Não há que murmurar
não há que iludir
o soberano não pode hesitar
dissimular.

Ao rei compete a ligação de tudo
quer brilhe o Sol em cima
ou brilhe em baixo.

        Não ajas por complacência
        nem sempre é justo agir dessa maneira.
        Não ajas por prevenção
        nem sempre é justo agir dessa maneira.
        Só a verdade e o respeito
        inspiram o bom agir.

Oh espíritos anunciadores:

        entusiasmo e calor
        luto e tristeza

buraco cavado no fundo da terra
onde se passam casos lamentáveis

        líquido regulador dos movimentos
        história de heróis

longo pau ferrado para desprender os astros
ou suscitar o riso

      espada cortante
      deslindando notáveis incidentes

bastão de um mais velho, sinal de dignidade
combinação agradável de sons.

Nisto, por isto, para isto e com isto
digo da minha submissão a Deus
e cito a cadeia de que sou um elo.
Vinde, oh espíritos, no meio de cada lua.
Ordenai a vossos súbditos que me deixem ver
quieto, sereno e manso
as coisas que estão ocultas.

Saúde ao Senhor da Paz que docemente vem!

Esta litania, recitada e cuspida sobre o pau de que Silé se servia, foi a verdadeira causa do desfalecimento do leão. Silé cortou-lhe a garganta e arrancou-lhe o tufo de pêlos de entre os olhos. Com ele confeccionou o talismã indicado por Koumen.

Vinda a noite, deitou-se com o talismã sob a cabeça. Viu em sonhos um pastor que saía de uma vasta superfície de água e fazia pastar uma manada de animais brancos. Era velho e cantava:

— Ohé, bois de cabeça branca, fazê-los cruzar as águas, fazê-los entrar no parque. Que o seu leite chegue para banhar o chefe.

Quando Silé viu o pastor foi ter com ele. E o pastor disse:
— Conheço o teu desejo, oh tu que vens para mim. Vens procurar o nome do boi sagrado, o hermafrodita de pelagem variada que pasta sozinho na clareira dos dois sóis. Dar--te-ei o nome, guardei-o para ti. Segredá-lo-ás na orelha do teu sucessor, em espírito, quando a tua alma for chamada à décima segunda clareira, aonde Deus decide da última sorte.

Silé encostou a orelha à boca do pastor e este murmurou--lhe o nome. Silé, então, fechou os ouvidos e os olhos e pronunciou-o mentalmente em frente do rebanho. Todos os bois brancos o seguiram, enquanto o velho pastor ficava à beira da água fazendo com as mãos o gesto de quem ordenha.

Qual o nome secreto do boi?

Ele foi, por uma vez, pronunciado ao longo do discurso. Profano das coisas pastoris, que não vês na vaca senão uma fornecedora de carne e de leite:
para saber o seu nome, o verdadeiro, é preciso ter aprendido a amar o boi, animal que Deus criou como símbolo simultâneo da utilidade e da misericórdia.

Observação directa
[2000]

Nota do autor

Para as *extracções nyaneka* voltei a aproveitar provérbios recolhidos e comentados pelo padre Antonio Joaquim da Silva, da Missão do Espírito Santo da Huíla, e divulgados em *Provérbios em Nyaneka* (1989). Para as *extracções kwanyama* fiz o mesmo com o que foi publicado em *Poesia Pastoril do Cuanhama*, do padre Charles Mittelberger (1991). Quanto às *extracções kuvale*, servi-me de recolhas minhas, de terreno. As *extracções pessoais* não recorreram a nada em particular senão talvez a tudo. Assim, nas *rezas clânicas*, a alusão à Bíblia é explícita mas também aparecem tópicos de uma cosmogonia *bambara* já presentes no livro *Ondula, savana branca* (1982). E também não lhes são estranhas referências que decorrem do meu interesse pelos registos e pelos regimes do imaginário.

Luanda, novembro de 1999

RESERVAS DA LAVRA ALHEIA

Extracção nyaneka: das decisões da idade: II: noção doméstica (também para vozes e coro)

1. voz do amigo que acolhe o herói (25 anos depois)
2. voz das mães
3. voz dos pais
4. voz dos pais das mães

1.

saltaste a cerca porquê?
quem trepa não bate as palmas...

1.1

é mesmo culpa ou é só fama
de quem não cuidou maldades?

✶

prometeram-te a abelha
e levaram-te à vespa?

a coxa é que era comprida
ou o pano é que era curto?

cabaça delicada:
quem te deu a boca

deu-te também as mãos
para tratar da vida.

andar sem roupa
é no rio.

madruga para trabalhar
e não para atender visitas...

✶

prometeram-te a abelha
oh cabaça delicada?

1.2

saltaste a cerca porquê
ali tão perto da entrada?

a morte é que passa
sem ser pela porta.

vê lá que o penacho
não te tape as vistas:

quem sabe não bate as palmas
e ninguém ateia a casa

para aquecer-se ao lume dela.
nem precisavas de guia!

um pé na chana
outro na mulola

temes o leão?
a vontade do outro

é que te quer comer.

✳

é que te quer comer...

1.3

*as lágrimas da rã
nadam na água:*

*o caco já foi panela
e o escravo já teve mãe.*

*pano emprestado
não livra da nudez*

*e a cabeça do próprio
não lhe derreia a espinha.*

*cobre-se, o fidalgo?
e o nobre tem sal?*

*e a chuva?
só escolhe os bons?*

*ou aproveita também
ao talo de capim*

que medra sozinho no areal vazio?

1.4

riqueza é borboleta
que alça voo:

talvez nem nada veja
quem tanto se precata.

do que está à vista
come o trepador

e do que está escondido
come é quem tem mãe.

farinha quem é que a filtra?
quem raspa os restos da água?

nem é moendo farinha
que se garante o conduto!

a sorte do jacaré
é comer no descampado:

espreitar na cerca
é dar a cara à cobra.

1. fecho

é tempo de águas, tem pouco trabalho
mas virão as luas que dão só orvalho

2.

melhor seria não ter passado lá

2.1

com as vestes que usaste
melhor seria nem passar por lá.

✷

...melhor seria nem passar por lá
nem assentar o corpo.

melhor seria...
é casa de gente

onde não vinga o pobre
nem colhe sombra

nem acha assento para suster o corpo
livrar-se sequer de um espinho.

há quem não dê
há quem não dê sequer ao cão...

comiam à farta
e enquanto ao fogo o seu jantar fervia

a nós só davam
magros grãos torrados...

melhor seria nem ter passado lá
agradece, o javali

a toca aberta que encontra?
agradece é a lebre

humilde e pequena qual sombra de pedra...

2.2

escolheste o deserto
não grites por água.

✷

teu nome agora é de pobre

e do pobre só se ocupa
quem pobre nem sequer é.

cedeste o cabrito e choras-lhe a cor?
ofertaste o boi que agora está grande?

o favor acaba. a sorte apodrece.
é fêmea a mercê e o negócio é macho.

favor é na mão e a carne
quando é escassa

não dá para comer depois:
carne é visita para um dia só!

vai e pede:
vão te dar...

mas medra a rola
se encosta ao ninho da águia
para que lhe coce a cabeça?

✷

vais pedir lume
dirão que é pela carne.

vens pedir água?
não é pela cerveja?

2.3

deixou-te, e as vestes que usaste?
vai-te acusar, agora...

✳

das vestes que usaste
das danças que ousaste

quem mais é que sabe?
não é quem viu, dançou, privou contigo?

deixou-te? vai-te acusar...
mudou-se? vai falar, espantar a culpa...

é o valor que tens que te desgasta.

pedra antiga de moer
tem fundo cavo, não entorna a água

e onde houve queda
sobra ainda o caco
que agora serve para torrar o grão.

má sorte a do pau
que dá a casca boa para amarrar:

o lenho exposto
a cicatriz à vista!

✳

não é quem viu, dançou, privou contigo?

2.4

falaste?
turvaste a água!

✳

é morte de homem?
a que cheira então?
isso que fede é o cheiro da injúria, da afronta
da escória da memória.

falaste, soltaste a língua
abriste a palavra aos outros:

vem-te à boca agora
o hálito alheio

e respiras o sabor
do que tinhas engolido.

vai à lenha e volta
a novidade espera.

onde ir à água que a não deixes turva
e aonde te vais mostrar
que não te exponhas ao mundo?

da rama estéril, quem fala?
a inveja visa é lá, é onde tem.

✳

hálito alheio:
memória da escória.

2. fecho

não colho, falta-me saco
nem falo, quem me defende?

3.

e nós dissemos:

3.1

e nós dissemos:
é chuva boa, já não para mais...

será para sempre a festa, todos juntos
a nossa idade dos jogos

o fumo do jogo verde
a chama do alvoroço.

mas era só um aguaceiro só
era apenas um tempo

de juntar o gado
à espera da guerra que estava para vir...

fosse a da lua
a tristeza que guardo...

teria o seu tempo, os dias contados.
mas é da casa do sol

onde arde um fogo que jamais se apaga.

a nossa idade dos jogos?

3.2

*não é longe nem é perto
é lugar para chegar lá.*

✷

*é um lugar de silêncio
e o povo lá cicia, sossegado, manso*

*como a abelha dos paus, calado
como a mosca do chão?*

*lugar quieto assim e livre de questões
não pode ser lugar onde uiva a guerra*

*e tem quem sofra sede até na chuva
e fome quando é tempo de fartura!*

*a guerra vem e passa
fica o chão
o gado vai...*

pariu de noite, a cadela:

*assim, depois
quem é que vai saber?*

3.3

há saber e há juízo:
a nuvem, quem lhe saúda, é o cocuruto da serra.

medes tu a cobra
antes de a matar?

ficámos à espera
que a sombra nos encontrasse

e a desgraça subiu
no nosso gado.

a chaga
a impertinente mosca.

não dês nome à vaca alheia
nem lhe construas cercado:

é fogo de lenha podre
é resina que acende
e não aquece:

explode em luz
e acabou-se!

queimou lá longe
e vem cheirar nas casas!

3.4

o boi muge?
o galo canta?

✳

é tempo de chão de abrolhos:
poupa o calcanhar.

a noite às vezes
é que traz a dúvida:

o boi que muge
é porque está perdido

ou porque brama
sem ter ganho a luta?

é procurar panela
com cabo de enxada!

não canta o galo
e ainda assim desponta o dia...

morde a serpente a serpente?

✳

corta o machado
a sorte é que alcança...

3. fecho

se o fogo esmorece
quem é que lhe assopra?
e se arreio a carga
quem vem me ajudar?

4.

*no ar? e os falcões
tão longe?*

4.1

no ar? e o falcão
a que responde o eco?

no chão?
e os espinhos?

✸

sandália do caçador
não te queixes de cansaço...

o porco-espinho
não é no espinho que dorme?

não dá é forjar a pedra
nem britar o ferro.

e o que diz o desvalido
só o coração lhe entende

o olho vê
murmura o peito

e o coração entende.

✸

...o coração
que entende...

4.2

dormimos no limpo mas não alimenta

✷

*a abelha é que busca a flor
ou a flor é que a deseja?*

*enche o peito para cantar
não enchas de ar a cabeça*

*deixa-lhe os sonhos para os verter no sono.
não tem olho que divise*

*a sua própria ramela
nem tem rã que a si se entenda*

*nem percevejo que fuja
do azedo fedor que tem.*

*vou à mata e escolho um pau
para cavar o meu tambor.*

*do som que guarda lá dentro
como é que antes vou saber?*

✷

*nós somos os filhos do noitibó
dormimos no limpo mas não alimenta*

4.3

*não é lugar
de ir à lenha*

*não é lugar
de ir à água:*

*é lagoa pequena no areal do céu
estrela da tarde*

*companheira de quem caça
e volta ao lugar da caça*

*quem deixa a presa no laço
e diz vou ali já venho?*

*o dia tarda mais
quando há luar.*

*e o nó do coração
lá é que a luz o desata.*

4.4

*parece que não come
e até nem ri*

*o dos balidos das cabras brancas
o das ovelhas gordas*

*da água e do doce
dentro do maboque*

*o que farta o pobre
e dá sobra ao rico.*

*o espalhador do fogo
do lado poupado*

em que a terra aquece.

✴

*e as asas nem lhe pesam
de ave e leve.*

4. fecho

quem muito corre
ainda assim lhe sobra mundo

quem muito dá
ainda assim não é só seu

Extracção kwanyama: seis canções pastoris

eu nem sei como dizer:

a minha vaca é parda
como o fundo
da toca da raposa

farelo pisado

casca caída
entre dois cercados.

lume de fogo apagado!

e as malhas brancas que tem:

na cara pintas do leite
que as meninas lhe aspergiram

nas ancas céu cintilante
que o sol lhe pinta ao nascer.

a minha vaca

é zebra ao longe
da cor da cebola.

a malha branca
que lhe encosta ao flanco
é faca.

não chegues perto:
cortava

ou de tão branca
te enfarinhava o corpo.

...a minha vaca branca...

a minha vaca

anda que é nuvem
pintada pela água:
(adiantaram nas lavras...
pensavam que era a chuva
que lá vinha...)

pastou
na franja da chana

descansa
agora
na fimbria dos matos.

ágil espia
patrulha do porte
testa esclarecida

chave das portas
da mata fechada:

as rugas da tua cara
as pregas da tua abada
são as dobras
generosas
de uma quinda
despejada.

nasceu assim
pequenina
como a vespa que pousa
na ponta da lança.

como o rato do campo
que deu à luz
na folha da palmeira.

agora:

mais gorda que a rã
água para ela
só no grande lago!

e quem lutou contra a fome
a que de noite não dorme
sempre a raspar, a raspar?

aço da ponta
da minha azagaia!

amanhecer do dia
que não cansa!

quando a chuva voltou
e o mundo coberto de águas
não lhe deixava pastar
ainda assim do seu berro
nos vinha a força
dizia:

quero essa fome
que a chuva gera.

é fartura!

DAS LEITURAS DA CARNE

Extracção kuvale: memórias nominais

*amarra o pano
para que no salto não mostres a bunda
e vai ver como pensam
do lado de lá:*

I

: o ornamentado de penas
não queria, lhe obrigaram, ficou mau:
sai para pastar   e volta com caça.

: nasceu só
de mãe sem pais
nem parentes
sofreu picada de abelha
e agora evita o cortiço.

: lhe escorre o suor   pela noite
rende o lugar   supre ausências
impõe-se o limite   de não ir além

: é metade de si
só gosta de provar   e não acaba
vai e não volta   e por mais que lhe chamem
não para num lugar   quer caminhar
vai longe a andar   derreia a comitiva
engole as etapas   do que há para dizer
marca no chão   o passo que arrasta

e alcança a lembrança num gesto comum.

II

foi lá falou
falou   voltou
voltou   falou:
cansou!

: sempre contorna   não vem a direito
  desvia dos velhos   se esgueira pelos corta-matos
  só abre as vistas   se vê cara feia

se não é boi é carneiro
o que sempre quer é muito

: confunde o que é seu
  vai dizer que lhe roubaram e é mentira
  não gosta que lhe encostem
  vasculha na casa alheia
  já cansa avisá-lo   já nem vale a pena

: acabrunha o outro
  sempre a chorar   o que está para vir
  se não é morte é maka
  o que anuncia.

III

: estava preso
 ei-lo já livre

: era para ser punido
 e recebeu perdões

: estava para dar   não deu
 recebeu   e não cumpriu

: há-de encostar
 é lá
 onde estão os seus:

sabe que em casa
é que lhe ferve o nome

e onde há parente
sempre sobra herança.

IV

: é bom mas brusco   e o julgam mal por isso
: ferve-lhe o sangue   esquece o que não deve.

mas não engole a afronta.

: entende o agravo
  mede-lhe o gosto

depois cospe fora
não deixa aziar.

...podia acusar
  calado é que ajuda...

...convidam, vai
  mas sem pressa...

: insiste só em cobrar
  a promessa desmentida.

Extracção kuvale: das leituras da carne

1.

..................*o traço*..................*assim*...................*luvinda*
............................*é o caminho da chuva*......................
nenhum traço..........*esses da inveja*............*afinal*...........*os*
óleos............................*disse: essa parte no rio*..............*à*
nossa volta, os rios....................*apareceu aí*......*e agora*
ele disse: os rios.............*o leite e os rios*.........................

2.

.........*do homem que era soldado*.............*depois escapou e antes de escapar*............................*nessas partes daqui* ....*saltou mais nas pessoas e foi correr os bois* ....*passou ao lado*.....................*o animal perdido*......... ....*escapou*................*no carro*................ ....*traduziu no curral*...................*agora a traduzir de novo no miúdo*..*matou esse homem*..........*o tal que era militar*.........*e matou também o filho*......................*o filho dele*................*o próprio, sim* ....*morreu também ali*...........................

3.

dentro do animal essa parte redonda, tyikata, significa-se as casas da área, as veias em volta, quer dizer: estamos numa situação que é grave, a guerra vai vir nos kimbos, vai chegar nesses lugares como tem atingido na parte do kamukuio........

na carne de cima, essas veias:................o inimigo não está a recuar, está sempre a espalhar, está a descer, está a descer............diretamente..........................é para as administrações..................
..

é a movimentação, muita movimentação das pessoas, só rastos, muitas pessoas......................espalhadas..............aqui neste lugar é que está só mais ou menos, nas outras áreas não....há uma parte onde eles se encontraram, quando desceram, há uma parte onde viram................há um morto..............tem rasto de pessoas.........estão a ir lá no óbito......................uma é criança...........vocês têm que fazer tratamento à estrada.........estamos a ver muita movimentação nessa área..............não encontra saída...... não encontra saída..................

a chuva.........temos que ver é na parte do ondyau se às vezes tem lá algum sinal de chuva ....
..

4.

levantou aquele vento a rodear, a rodear, assim mais como o efeito das famílias............e a cobra que encontrei cavava no chão, por baixo, com a cabeça............depois matei, eu nunca vi coisa assim, cobra a cavar não há, se aparece vai ver, é mau sinal..

naquele dia, a dormir, eu ia num caminho e veio aquela cobra e me mordeu aí, não está a ver, a perna, aqui, não está mais grossa?...............mas foi no sono, assim.................

o trabalho que eu tinha era na estrada e estava a ir para lá, com os outros, a gente a andar, com os outros, eu falava nessa noite eu nem dormi, só a sonhar com a cobra, a me morder na perna................ e aí a cobra a vir..................a me esperar.......mas uma cobra assim, com mais de cinco metros............a gente, ali com os outros..........começámos então é a matar...

saltou esse dia, dormimos mais, mais outra vez, chegou......no trabalho, foi assim naquela hora das cinco da manhã, assim........comprida............está assim começou a correr ao pé de mim...........os outros, aí: passou.........e eu no meio e a cobra é nesse meio mesmo é que ela está a vir........assim no meio, a atravessar para mim.............a mesma, a cobra, aquela............

no trabalho ainda cheguei. mas para pegar no serviço já não fui capaz..............a cabeça a bater............aqui........esse sinal........olúdia............voltei para casa......................dormir..

saltou: uma coisa assim...........................andei, andei, andei.............pegava na perna, já não dá para andar.........

da perna a sair só água.........é água......dormir não dormes ....morrer não morres....para trabalhar não dá........a cabeça virou.............nesses três meses vais fazer mais quê?........

isso!..........no mato!.........não foi aí que ouviu?.....a coisa assim, depois viu mais mas foi só uma vez?..............não era o teu avô que está-te a procurar? ....

5.

quer dizer............no sono..............é quando vais, no sono............a sombra...............à noite e a sombra........ ......então já vem.....parece que é só lá onde tem pau assim ....sonhas.......................acordas..........é a manhã que é quase e tu já estás a ver.............vais procurar ....é lá................no sítio tal:.....deste encontro com o vento...................vês a faca na mão.................... ....a faca...................assim...................... ....a cara e a faca.....................na palma da mão ....

Extracção pessoal: colocação pastoril: pauta para entoar hinos, salmos e preces clânicas

ou
tábua para improvisação de poesia invocatória

(*a pauta inteira comporta 108 combinações
mas só adianto 36
com apontamentos para uma versão pessoal do autor*)

(*in memoriam:*
aos de nós
que já lá estão:
aos bons, aos menos bons e até aos maus)

✸

(*e se as palavras que uso e me garantem hinos
não vos atingem no alerta às vozes*

*que a batida só dos sons abra o caminho
à oração e ao eco*)

✸

1.

aos da terra, da fauna e das estações
[do chão, dos animais e das luas]
que juntos são os do cão [da came]

[NORTE]

(...e nas veredas *húmidas* das matas
nos juncais do espelho das lagoas
nas ruelas *imundas* dos mercados

na ostentação *alheia* dos palácios

quem não depende ainda

do *regular* sucesso da estação
da vertência *soberana* das águas

e da *latente* ardência dos cristais?)

1.1
aos mortos da terra
pelos da flora [dos capins e das ramas]
seus filhos

I

apontar:
às direcções das serras
e pedir:
pela água
pelas mães da água
pelas serpentes guardadoras das águas
(sem lhes dizer o nome
dizer: o cinto, a correia)

pedir ainda:
pelas nascentes da água

(que o chão verte
[e espalha]
nos *saturados* meses da fartura)

pelas águas novas que as pedras retêm
pelas águas quentes que escorrem das fendas

mas sobretudo pelas nascentes do céu

II

para a abertura da primeira carne

dizer:
do ferro e das pedras

invocar a ciência de conhecer o chão e de saber extrair-lhe

a ferramenta, o pasto e o grão

III

estações/luas/tempo/jogo cósmico

das leituras do tempo

orientação

ladainhar a sucessão das luas
assim:

a do pequeno barulho
[da chuva nas folhas secas]
a que corta o fim do ano

a que mostra os primeiros dentes
e a que mostra os dentes todos da água

a do rebentar dos paus
a da mudança das folhas

a que não deixa atravessar os rios

e a dos tempos
também:
o do leite, do capim, da claridade do dia
[como se fosse um luar]
o dos figos maduros
o do milho quando pronto
o das folhas que secaram

e das estrelas dizer:
deixam de ver-se
depois reaparecem:
e é o tempo das águas

[circulação, articulação, harmonia]

1.2
**aos da fauna sendo pais dos da viagem
para o tratamento dos rapazes que abateram o boi**
(o *soberbo* animal da gola *ampla*)

IV

sal/gado
paralelo sal/gado, gado/vida
e o sal para os minerais como o boi para os animais
água salgada
que agrada ao gado e detém o inimigo
[da flor do sal]

*para o que parte em viagem
guiado pela sede e pela fome do gado:
que lhe sejam gratos
os caminhos do sal*

V

augúrios/viagens

aludir aos caminhos
[*veredas dos pastos e dos animais do mato*]

invocar:
*os bons augúrios
para as viagens*

a escama do pangolim
que é pela sorte que é

e o gato dos augúrios
pelo aviso que dá

(para que os sinais assegurem sossego ao coração de quem viaja
e não estimulem a inversão dos rumos
e a urgência de voltar
para intervir
ver ou saber)

procura, actuação, decisão

circular ordenado

VI

circular desordenado

leão e inimigos

caça
marcha

invocar o leão:
o que agride com honra
e não mata à toa

mas não lhe referir o nome

dizer:
o da cor do sol
o do cabelo liso
o do cabelo liso a volta e à solta

1.3
**aos das estações a favor dos intermediários
seus filhos**

VII

ordem/mitos

*reprodução e preservação
comida/sexo/prazer/satisfação/realização*
[vital]

VIII

para o consumo da carne eucarística [*vithila*]

artífices
[instrumentos, alfaias, armas e adornos]
[ao recolhido labor]
homem/ser

o ser original
[exemplar mas mudo e escondido, pré-social, tal como
saiu
das mãos do criador,
não se falando, não se entendendo, senão a si mesmo]
(*pela invenção, fabricação, modelação da forma
é que se torna humano*)

significar ao homem
aquilo que ele é
o fim para que se dirige

a natureza do ser
as modalidades da existência
aquilo que o faz viver

IX

**ferro, extracção
noite**

invoca:
os tocadores dos tambores
e os estrangeiros que vieram aderir

integração
música
[os sopradores, a forja das canções]
ritmo

fricção criativa

(*também a da ideia com a palavra
para dar o verso:
a ideia: o ferro e a intenção;
a palavra: o sopro
o fogo e a mão*)
[metáforas da cópula]

fogo
forja

(*da forja à forma*)

mutilações iniciáticas

2.

**aos das ramas, aos da fertilidade e aos do território
todos do olongo [kudu]**

fertilidade e paz

[SUL]

(...e da glória *congénita* dos rebentos
e do suor *em grão* que é a espiga na lavra?)

2.1
**pelos da virilidade
sendo os das ramas seus pais:
a estes**
[união
ser social]

x

**aludir a:
corpo**
coxas e órgãos genitais, instrumentos da relação social:
deslocação, procriação
homens férteis

refere:
a cebola e o lírio:

*que respondem
[florescem]
à mínima gota de água*

pode referir também:
mulheres
meninas

[*da que é fina qual gazela
às das pernas robustas*]

social
contradições e arranjos
dualidades

uniões geradoras da sociabilidade
instrumentos da relação
movimento que atrai (entre si) os princípios opostos

XI

realização da iniciativa inventiva

indagação/procura/marcha
cheiro/olfato
sentimento

sociabilidade
empreendimentos

capins/gado

[*para que o homem comum se garanta próspero
e imponha respeito aos que o são pelo poder*]

XII

para o consumo da moela dos ossos

paus/força

a rijeza do pau de mutona

luthipa

[para que a tenaz rijeza da fortuna de alguém iguale a da membrana que envolve os lombos (luthipa), de que as mulheres tecem fios, os rijos fios que atravessam as contas de enfeitar a placa da voz de onde emerge
o seio, quero dizer, o peito.]

2.2
**aos da fertilidade
a favor dos das regras
seus filhos**

[há famílias e há casas]

XIII

realização da procriação
quadro institucional para isso
[**famílias**]

cultivo
feminino
mãe
linha das mães
as mães e as irmãs das mães
história /memória referenciável/ar/voz
tempo/espaço

XIV

a força do desejo
[similar a X]
graça das meninas
[antílopes]

alma/corpo
homem/mulher
deslocação/procriação

[sexualidade]

XV

para o consumo do sangue e da língua

realização da procriação
fertilidade das mulheres

o andar vigoroso das esposas

o regime ginecológico dos mênstruos
o ritmo lunar da fecundidade

ventre

a mãe na mulher

2.3
aos do território
sendo pais dos da terra

XVI

realização da preservação/manutenção
[**casas**]
estatutos/colocações/política

exercício do social
afirmação/prestígio/poder

da estabilidade das casas
da co-habitação das mulheres
e da coexistência dos fogos

XVII

lavras
para os cultivos
[liga a II]

...onde o ferro se devolve à terra...
[...*o das ferramentas*...]

rezas e cultos das velhas

XVIII

cacimbas
[da ordenação
e da partilha das águas]

...onde as águas do fundo...
[o que deus dá
e não é de ninguém]

(*possa vender-se o transporte da água.
a própria água, jamais...*)

territórios comuns
propriedade plural

composição com a sociedade
sociabilidade

3.

**aos da viagem, da virilidade e do jogo
que são os do boi**

força e abundância

[OESTE]

(...e do brilho *engordado* das manadas?

[penso na fome *implacável* das urbes]

e da graça das meninas
que acende e estouva as ousadias *novas*
e do sangue e do leite do corpo das mães

e da urgência *erecta* e da ânsia dos machos?

[penso no cheiro *vegetal* de um qualquer coito
penso na goma *orgânica* de um parto qualquer])

3.1
aos da viagem
para os poetas quando filhos deles

XIX

distâncias
mobilidade
virilidade
invenção

ar
memória
inquirição e busca
tacto, órgãos da fala

[não deixem de reter tudo o que virem
e cubram as faltas de alguns de entre vós
que descurem os pastos e só cantem
os animais da sua devoção
a cor dos bois da sua paixão]

verbo
boi
pastoril
migrações/transumâncias

viagem

XX

para o consumo da perna
[companheirismo]

o saber tem três dimensões:

a do corpo, a do espírito e a do conhecimento

verbo
[*de novo*]

história
descoberta dos sentidos

alegria/juventude/corpo
acção/azáfama

lealdade
tacto

XXI

rapaziadas
aventuras
corridas

ousar

turbulência
moscas

[treino, destreza]
[sexualidade]

3.2
aos da virilidade, pelos da fauna

[procurar sempre equivalências com animais]
[sério]

XXII

guerra
leão

masculinidade
guerra

hinos ao risco, à coragem, à bravura, etc.

(razão de sobra para fazer a guerra:
.....ir lá raptar a sabina.....)

XXIII

para o consumo do coração
força viril dos homens

a fêmea na mulher
vulva
desejo
[cada um entoa como lhe soa]

(...a terra pois
e eu queria agora era guardá-la
e ter-te a ti
para ta dar
e ter-te nela
e a ela tê-la em ti...)

XXIV

pede:
pela força viril dos machos
[*de uma maneira geral*]
e dos rebanhos também

natural/animal

3.3
aos do jogo para os da fertilidade

XXV

refere:
circulação
casamento

recorre a exemplos das uniões cósmicas
[terra/sol]

mão e abdómen
trabalho e gestação
ouvido
fruição vital

feminilidade
conjugalidade

XXVI

para o consumo das virilhas

circulação/amigos
[amigos, aliados e cúmplices]

XXVII

fertilidade das fêmeas
[natural/geral]

terra-mãe
fértil

reprodução
[*biológica*]

4.

**aos intermediários, aos das regras e aos poetas
que somam os da chuva**

[LESTE]

(...e ainda e sempre e em todo lugar:

da ciência dos que traduzem
[*as nossas preces nas línguas do além*]

da isenção de quem manda

e do verbo que ilumina...)

4.1
aos intermediários para os das estações
àqueles

XXVIII
chuva
dos nomes das nuvens:
as do início
as do cinto
e as nuvens brancas

e dos da chuva:
a da manhã
que deita ao chão o tremor do orvalho

a que interrompe, demora uns dias

aquela que vem
quando é tempo de vir
e a que cai e dura
e é tempo de ir ver

e os das estrelas:
a que dá a direção

a do relógio

a que muda de nome
conforme vai
depois volta
brilha de mais

e anuncia
a fome que está para vir

água, cosmos
governo do humor dos astros
e das estações
[conhecimento]
explicações/representações/interferências

tratamento das águas recentes
ar
vento

XXIX
para o consumo do peito

fogo/sacrifício/espírito(s)
orelhas e nariz:
ouve as opiniões, cheira os perigos

pai
fogo
perpetuidade do fogo

XXX
iniciações e cultos

sinais dados pelos bois [sagrados]
transcendências
sabedorias

reflexão sobre a dualidade do homem
identidade com o universo
homem capacitado
cosmos
realização da espiritualidade

apreensão das certezas na diversidade das coisas

olhos/cérebro
vista
sublimação da consciência individual
contacto do espírito com deus

hino ao uso do hino

4.2
para os do território
aos das regras

XXXI

responsabilidade do sujeito face às suas decisões

[política]

a situação que estamos com ela
[de ser cada vez mais tarde]

(...ministros *vis*... tribunos *rapaces*...)

[dos eleitos vitalícios]
[angola sitiada]

XXXII
para o consumo dos ossos

acerto com os vizinhos

o pensamento que se domina a si mesmo

**[livra-nos dos que se reconverteram à lógica do saque
e ainda entoam loas à fraternidade]**
*(...acumulam em bancos o que não comemos
e nos dão as sobras porque têm pena...)*

XXXIII
acerto com os poderes longínquos e exógenos

revelação/integração
compreensão
representação/explicação

4.3
para os do jogo sendo filhos dos poetas:
aos mesmos

XXXIV

que pedir aos **poetas**
para os do **jogo**
[*que são os da lógica de engenheiro*]
?

e
para os que ainda assim arriscam
discursos de exaltação
e cânticos

[dos que entretêm
e dos que iluminam]
?

e
para **aqueles** que não falam aos deuses
como os **intermediários**
antes insistem
em falar para os homens
?

criação

XXXV

para a divisão da pele

cânticos/louvor ao gado
festas e exaltações
gosto

[*ver canções pastoris kwanyama*]

XXXVI

descoberta/criação
engenho/vontade
complexificação

vontade/talento/sorte
[ωονταδε — ταλεντο — σορτε]
ou
como dizem os chefes
(e vem a dar no mesmo)
trabalho, inteligência e sorte
[sorte sempre tem que entrar]

descoberta/invenção
sublimação
fruição total
o espírito intervém na acção

do poeta perplexo
a um povo inteiro que...

(*que o tempo abate e a história fustiga*

*que acorda na mata e encosta nas praias
acossado pelo estrondo*

*do aço que a insânia arma
para explodir-lhe a carne
e imolar-se os filhos.*)

... anda a brigar com a vida

por ser o que lhe resta se quer lidar com ela

**agora e na hora
do pânico das mães**

amém

Fontes, notas e referências de *Ondula, savana branca*

Indico, para cada uma das peças ou grupo de peças que constituem este livro, as fontes a que recorri. Quando se trata de fontes em segunda mão refiro também aquelas que os seus autores, por sua vez, utilizaram. As informações julgadas úteis e necessárias relativamente aos contextos de que derivam alguns dos materiais empregues na elaboração de certos poemas são assinaladas por notas dentro da respectiva referenciação numérica.

VERSÕES

Fulani [página 19]

BEIER, Ulli, *The Origin of Life and Death, African Creation Myths*, Heinemann, Londres, Ibadan, Nairóbi, 1972, pp. 1-2.

Yoruba [página 20]

BEIER, Ulli, *Yoruba Poetry, an Anthology of Traditional Poems*, Cambridge University Press, Cambridge, 1970, p. 48.

Yoruba [página 21]

BEIER, Ulli, *ibidem*, p. 47.

Yoruba [página 22]

HUGHES, Langston, *Poems from Black Africa*, Indiana University Press, Bloomington e Londres, 1970, p. 19 (refere Beier, Ulli, a partir de Black Orpheus, s/ outras indicações).

Pigmeus (?) [página 23]

BOWRA, C. Maurice, *Chant et Poésie des Peuples Primitifs*, Payot, Paris, 1966, pp. 111-2 (refere Trilles, R. P., *Les Pygmées de la Forét Equatoriale*, Paris, 1931, p. 237).

Pigmeus (?) [página 25]

BOWRA, C. Maurice, *ibidem*, p. 203 (refere Trilles, R. P., *ibidem*, p. 424).

Bantu (Floresta equatorial) [página 26]

HUGHES, Langston, *op. cit.*, pp. 22-3 (refere Max Exner, s/ outras indicações).

Ngoni [página 27]

FINNEGAN, Ruth, *Oral Literature in Africa*, Clarendon Press, Oxford, 1970, pp. 151-2 [refere Read, M., "Songs of the Ngoni People", Bantu Studies, 11 (1937), pp. 14-5].

Didinga [página 29]

MBITI, John S., *The Prayers of African Religion*, SPCK, Londres, pp. 69-70 (refere Driberg, J. H., *People of the Small Arrow*, Routledge, Londres, 1930, pp. 142 f.).

Akan [página 30]

FINNEGAN, Ruth, *op. cit.*, pp. 223-4 (refere Nketia, J. H. K., *Drumming in Akan Communities of Ghana*, Legon, 1963, p. 76).

Dinkas [página 31]

FINNEGAN, Ruth, *op. cit.*, pp. 251-2 [refere Cummins, S. L., "Sub-tribes of the Bahr-el-Ghazal Dinkas", J. R. A. I. 34 (1904), p. 162].

Xhosa [página 32]

HUGHES, Langston, *op. cit.*, p. 29 (refere Jordan, A. C., s/ outras indicações).

Thonga [página 33]

ROTHENBERG, Jerome, *Technicians of the Sacred,* Anchor Books, Doubleday & Company, Nova York, 1969, p. 17 [refere Junod, Henri A., *Life of a South African Tribe,* Macmillan & Co. (1912), 1927, passim].

Somali [página 34]

FINNEGAN, Ruth, *op. cit.*, p. 254 (refere Andrezjewski, B. W., e Lewis, I. M., *Somali Poetry: an Introduction,* OLAL, Oxford, 1964, p. 146).

Bergdâmaras [página 35]

BOWRA, C. Maurice, *op. cit.*, pp. 272-3 (refere Vedder, H., *Die Bergdama,* 2 vols., Hamburgo, 1923, pp. 99-100).

Mensa [página 36]

MBITI, John S., *op. cit.*, p. 33 (refere Di Nola, A. M., *The Prayers of Man,* Heinemman, Londres, 1962, p. 41).

Bosquímanos [página 37]

MBITI, John S., *ibidem,* p. 34 [refere Shorter, A., *The Word that Lives,* Pastoral Institute, Kampala, n.d. (1971) p. 4].

Bosquímanos [página 38]

ROTHENBERG, Jerome, *op. cit.*, pp. 89-90 (refere Bleek, Wilhelm H. I. e Lloyd, Lucy C., *Specimens of Bushman Folklore,* George Ellen & Co., Londres, 1911, pp. 397-8).

Zulu [página 40]

ROTHENBERG, Jerome, *ibidem*, p. 103 [refere Callaway, Rev. Canon, Henry, *Nursery Tales Traditions and Histories of the Zulus in their own Words*, (?), Londres, 1868].

Joanesburgo [página 41]

HUGHES, Langston, *op. cit.*, p. 30 (refere Peggy Rutherfoord, s/ outras indicações).

Kwanyama [página 42]

LOEB, E. M., *Kwanyama Ambo Folklore*, University of California Press, Berkeley e Los Angeles, 1951, pp. 315-9.

DERIVAÇÕES

Nyaneka [página 49]

Foram trabalhados para a elaboração destes poemas 30 provérbios Nyaneka de uma colecção de 166 que me foi fornecida pelo padre António Joaquim da Silva, na Missão da Huíla, em agosto de 1978.

Kwanyama [página 52]

MITTEBERGER, Pe. Carlos, "Entre os Cuanhamas", *Portugal em África*, vol. XIX, nos 112 (1972), pp. 220-34, e 113 (1972), pp. 295-309.

Bambara [página 57]

ZAHAN, Dominique, *Sóciétés d'Initation Bambara — le n'domo, le koré*, Mouton & Co., Paris, La Haye, 1960, pp. 255-77.

As seguintes informações, extraídas de uma outra obra do autor atrás referido (Zahan, Dominique, *Réligion, Spiritualité et Pensée Africaines*, Payot, Paris, 1970, pp. 206-9), fornecem o mínimo de dados indispensável a uma noção sucinta acerca do contexto de que deriva a matéria trabalhada no poema: A doutrina religiosa dos Bambara é caracterizada por seis sociedades de iniciação ou *dyo: n'domo, komo, nama, kono, tywara* e *koré*.

O *koré*, cujo ensino se refere à espiritualização e à divinização do homem, marca, pelo seu vasto programa iniciático, repartido por dois anos consecutivos, pelo conteúdo e pelo carácter das suas revelações, o fim e a consumação do saber.

Deve ter-se em conta que o conhecimento bambara não constitui um *corpus* teórico, mesmo de natureza oral. É um saber difuso, detido pelos anciães e, sobretudo, uma *praxis* da acção organizadora e transformadora do ser humano. Através das sucessivas etapas da iniciação, o homem é instruído progressivamente acerca da sua própria natureza original de ser exemplar, andrógino e belo, mas vivendo na e da solidão (*n'domo*); acerca da natureza do saber e da sua relação com os humanos (*komo*); das relações entre a alma e o corpo, o homem e a mulher, o bem e o mal, o social, em suma (*nama*); do julgamento e da consciência moral (*kono*); das relações do homem com o Sol e a Terra, as estrelas e as estações, a fauna e a flora, o ferro e as técnicas da produção dos instrumentos, a síntese, enfim, do homem considerado do ponto de vista da actividade das suas mãos (*tywara*), e, finalmente, como já disse, acerca da natureza do divino e da própria divinização do homem (*koré*). O misticismo bambara não surge na vida do indivíduo como um fenómeno insólito e imprevisto. É preparado desde a tenra infância de forma a revelar-se como o resultado de uma soma considerável de esforços e sacrifícios que permite ao homem a mudança interior à qual o convida a iniciação final, o *koré*. Objectivamente em relação aos materiais utilizados, diz-nos ainda o mesmo autor (Zahan, Dominique, 1960, pp. 255 e 256):

> A 'voz dos Karaw' representa um conjunto de máximas enunciadas [...] em nome da sabedoria soberana [...]. O momento da sua recitação é entre todos o de maior solenidade [...]. De uma maneira geral, as tiradas do *kara* começam por um preâmbulo em que Deus, por intermédio dos grandes mestres, é suposto dirigir-se aos humanos. Estes grandes mestres são descritos de uma forma muito poética. [...] Quando a Deus, ele designa-se a si mesmo através de qualificativos muito simples mas enigmáticos quanto ao seu sentido. Ele é assim 'savana verde nova', 'ave surda-muda', 'chefe de aldeia surdo-mudo', 'fornalha'.

Para a elaboração deste poema trabalhei sobre a tradução literal das máximas, bem como sobre a sua transposição para francês estruturado, obra do etnólogo, recorrendo ainda ao comentário explicativo com que este as faz acompanhar.

RECONVERSÕES

Peul
Hampate Ba, A., e Dieterlen, G., *Koumen — Texte Initiatique des Pasteurs Peul,* Mouton & Co., Paris, Haia, 1961, p. 95.

[página 67]
O material que consta na fonte utilizada inclui o texto tal como foi recolhido, mais uma introdução e uma conclusão e as notas que os autores entenderam necessário e ao seu alcance. De tudo isto me servi para construir o poema. O texto, em si e tal como é facultado, é pouco poético e muito descritivo. Recorri por isso a alguns expedientes, dos quais assinalo: a supressão de alguns detalhes e situações; a alteração das vozes no discurso; a divisão do poema em três partes. Embora espere que o poema valha por si mesmo, o carácter esotérico do texto original, reforçado aqui pela natureza mais ou menos esotérica da própria poesia, leva-me a propor a consideração das notas que se seguem, extraídas da fonte acima citada (pp. 21-30).

O texto de Koumen relata a iniciação do primeiro *Silatigi,* Silé Sadio. A vida de um Peul, como pastor iniciado, principia com a entrada no curral e termina com a saída do mesmo, o que tem lugar com a idade de 63 anos. Comporta três sequências de vinte e um anos cada uma, a primeira de aprendizagem, a segunda de prática, a terceira de ensino. Com a idade e a prática e em função da extensão dos conhecimentos, o iniciado pastor acede ao estatuto de *Silatigi.*

O *Silatigi* é o sacerdote da comunidade. Ele sabe exactamente o que convém fazer por um rebanho; leva a cabo um certo número de ritos regulares, quotidianos, mensais e anuais; recita as litanias rituais; estuda a classificação dos vegetais e todas as suas propriedades terapêuticas. A iniciação confere-lhe, igualmente, a qualidade de adivinho.

O texto de Koumen apresenta a iniciação como o ensinamento progressivo da estrutura dos elementos, do espaço e do tempo de que a essência deve penetrar o postulante. Ela apresenta-se, ao mesmo tempo, como uma sucessão de provas, símbolo da luta que deve travar consigo mesmo, com a ajuda de Deus, para progredir. O postulante deve penetrar sucessivamente em doze clareiras que simbolizam, por um lado, o ano e os seus doze meses, e, por outro, a sua deslocação nos terrenos em que encontra, passando de uma clareira para outra, as personalidades míticas que devem instruí-lo. Mais ainda, ele é posto em contacto com os animais selvagens que são os símbolos das forças com ou contra as quais deve lutar, tal como em relação aos principais vegetais que intervêm na vida pastoril. Franquear a entrada da primeira clareira constitui para o postulante passar do mundo desordenado dos homens ao mundo organizado da pastorícia, terreno de Deus.

Koumen é o auxiliar de Tyanaba, proprietário mítico dos bois, guarda dos rebanhos de Gueno, Deus, na terra. Koumen é o seu pastor e o depositário dos segredos respeitantes à iniciação pastoril. Ele foi encarregado por Deus de zelar sobre a terra, as pastagens e os animais selvagens e domésticos.

[páginas 67-84]

As quatro primeiras clareiras põem Silé Sadio sucessivamente em contacto com os quatro elementos base da criação — fogo, terra, ar e água. Na quinta clareira, tendo o postulante penetrado os quatro elementos e sido ao mesmo tempo penetrado por eles, realiza o seu estado definitivo e torna-se uma pessoa completa. Esta clareira é também a do génio da guerra, símbolo da resistência que lhe é imposta e da luta espiritual que aí deve levar a cabo: ele deve transpô-la sem medo para poder atingir os graus superiores do conhecimento. Da sexta à duodécima clareira ele recebe as "luzes da iniciação": vê sucessivamente sete "sóis" que têm as cores do arco-íris e simbolizam a completude, porque o número 7 reúne o princípio masculino (3) e o princípio feminino (4).

[páginas 85-90]

Após a duodécima clareira, o iniciado recebe da mulher de Koumen um cordel com vinte e oito nós. Os vinte e oito nós ou laços correspondem aos dias do mês lunar, que é preciso desfazer, isto é, de que é preciso, em consciência, penetrar a sucessão. É assim instruído no calendário místico do ano, que consta de vinte e oito sequências que correspondem, também, às sucessivas zonas do saber, e combina o tempo solar com o tempo lunar.

O desfazer dos nós, que é conhecimento, permite ao iniciado receber os símbolos da pastorícia: paus, cordas, cabaças, etc.

[páginas 91-98]

Ele deixa em seguida os seus instrutores para regressar ao país dos homens. Conduz sozinho uma última luta contra um leão, que vence sobretudo através das suas encantações e que, em seguida, sacrifica. Invoca então a Deus, Senhor da Criação.

Referências étnicas

1. Fulani; Peul; Bambara.
2. Yoruba; Akan.
3. Dinka; Didinga.
4. Nensa; Somali.
5. Pigmeus; Bantu.
6. Ngoki.
7. Nyaneka; Kwanyama.
8. Bosquímanos.
9. Berg-dâmaras.
10. Xhosa; Thonga; Zulu.

Posfácio
Prisca Agustoni

O escritor, antropólogo, artista plástico, professor e cineasta Ruy Duarte de Carvalho (Santarém, Portugal, 1941-Swakopmund, Namíbia, 2010), português de nascimento e angolano por escolha, viveu a maior parte da sua vida nesse país africano que escolheu abraçar como sendo o seu. País onde o seu destino misturou-se ao de um povo em luta pela liberdade, particularmente aquele que vive na região sul de Angola e que sempre lhe foi tão caro. Pertencente à geração que se desenvolveu a partir do processo de independência nacional, ocorrida em 11 de novembro de 1975, junto a vozes como Agostinho Neto, Miguel Rui Luandino Vieira, Pepetela, Ana Paula Tavares e tantos outros, a obra de Ruy Duarte de Carvalho apresenta uma cartografia poética e antropológica fundamental de uma certa Angola, talvez menos representada até então na literatura colonial e, também, em certa medida, avessa ao projeto nacionalista que rasura a diversidade das populações nômades do sul, região do país onde ele cresceu.

Dono de uma vasta e multifacetada obra — na qual constam livros de poesia, de ficção, filmes, documentários, ensaios de antropologia e livros de literatura de viagem, além de trabalhos como artista plástico — Ruy Duarte de Carvalho é conhecido no Brasil principalmente no meio acadêmico, entre aqueles afortunados leitores que, docentes ou discentes, tiveram acesso ao rico universo literário das Literaturas Africanas de Língua Portuguesa que por muitos anos os cursos das Faculdades de Letras das Universidades Brasileiras implementaram, analisaram e divulgaram através de importantes simpósios acadêmicos. Lembro-me de encontros históricos ocorridos na USP, na UFF, na UFRJ e na PUC Minas, onde lecionavam algumas das professoras e professores pioneiros dessas disciplinas, a partir de meados da década de 1980. Esses cursos, e principalmente os colóquios e simpósios, permitiram que muitos autores angolanos, caboverdianos, guineenses e moçambicanos viessem ao Brasil para apresentar e divulgar suas publicações — muitas vezes sem circulação fora dos perímetros nacionais, com exceção daqueles autores que, como é o caso de Ruy Duarte,* foram publicados em Portugal.

Por causa deste empenho das universidades públicas na difusão das Literaturas Africanas de Língua Portuguesa, durante pelo menos uma década, que se consolidou em disciplinas obrigatórias ainda presentes nos currículos de muitas delas, começaram a surgir edições brasileiras de algumas dessas vozes fundamentais da literatura escrita em língua portuguesa nos territórios africanos, tanto na ficção quanto na poesia.

---

* A esse respeito ver: CARVALHO, Ruy Duarte de. *Lavra. Poesia reunida (1970/2000)*. Lisboa, Cotovia, 2005.

A obra de Ruy Duarte, pouco conhecida no Brasil,* chega agora aos leitores brasileiros com duas obras centrais de sua trajetória como poeta, *Ondula, savana branca* (1982) e *Observação directa* (2000). Essa chegada precisa ser celebrada devido à extrema relevância de que esse autor se reveste no panorama da poesia em língua portuguesa. Juntamente com Ana Paula Tavares, Arlindo Barbeitos, Manuel Rui e outros, Carvalho compõe o grupo de poetas angolanos, nascidos entre os anos 1940 e 50, que renovaram as trilhas da poesia nacional, principalmente no marco da literatura pós-independência. Mas sua importância não se restringe ao âmbito da literatura angolana, uma vez que sua obra apresenta um dos caminhos mais singulares da poesia contemporânea escrita em língua portuguesa, tanto pela originalidade no processo compositivo, quanto pelo rigor estético e a força inventiva.

Embora o poeta não tenha se envolvido na luta política pela independência, sua trajetória revela uma participação ativa em outra instância que, visando à construção de uma memória (tanto individual quanto coletiva), se projeta para a permanência, em oposição à morte e ao esquecimento inscritos no cotidiano de uma sociedade atravessada primeiro pelo processo colonial, logo pela batalha pela independência e posteriormente por uma dolorosa guerra civil.

---

* Além da presente edição, foram publicados no Brasil os livros *Vou lá visitar pastores: exploração epistolar de um percurso angolano em território Kuvale* [1992-1997] (Rio de Janeiro, Gryphus, 2000); *Os papéis do inglês* (São Paulo, Companhia das letras, 2007); e *Desmedida* (Rio de Janeiro, Língua Geral, 2010). Vale também lembrar que poemas de Ruy Duarte de Carvalho foram recompilados em inúmeras antologias de poesia angolana ou africana editadas no Brasil, assim como em teses ou dissertações publicadas em livro.

Nesse cenário, Ruy Duarte de Carvalho representa uma das vozes mais importantes da cena literária africana por seu incansável trabalho de garimpagem nos mitos e símbolos das diferentes culturas tradicionais do continente. Sem dúvida, sua obra lança um olhar que renova a expressão poética da realidade africana e, ao mesmo tempo, injeta no imaginário da poesia em língua portuguesa um deslocamento epistemológico, descentralizador no que tange às concepções de "um certo ocidente" ou de uma certa concepção de "angolanidade".*

De fato, um dos elementos de grande originalidade da sua obra consiste no tratamento que dedica aos registros de base antropológica (colhidos no seu trabalho de campo, ou extraídos de livros de pesquisa etnográfica) relativos às diferentes etnias e respectivas culturas que povoam o território africano, ciente de que, nesses traços culturais plurais e variados, está depositada uma fonte de renovação poética. Não se trata, portanto, somente de "traduzir" os elementos das culturas orais tradicionais para o registro escrito em português, mas de trazê-los para um contexto contemporâneo. A partir dos diálogos literários que permeiam o jogo entre a tradição e a modernidade, Carvalho promove um deslizamento nos modos de recepção, fazendo do estranhamento epistemológico uma maneira de conferir aos saberes tradicionais o status de paridade em relação às demais expressões literárias do ocidente.

---

* A esse respeito, ver o excelente artigo de CAN, Nazir Ahmed & CHAVES, Rita. "De passagens e paisagens: geografia e alteridades em Ruy Duarte de Carvalho". In: *ABRIL. Revista do Núcleo de Estudos de Literatura Portuguesa e Africana da UFF*, Vol. 8, nº 16, 1º sem., julho de 2016, pp. 15-28.

A nota introdutória do livro *Ondula, savana branca* explicita os diferentes procedimentos levados adiante pelo poeta para "trabalhar ou reconverter para a poesia alguns materiais de origem africana" (p. 13), por meio de variadas estratégias de incorporação e modificação das fontes. As divisões internas do livro (*versões; derivações; reconversões*) respondem, portanto, às diferentes modalidades e níveis de interferência que o poeta utilizou para produzir a obra. No final da nota, Carvalho revela que

> o livro pretende ser, pois, tanto um trabalho de criação poética quanto um instrumento de divulgação. Foi como poeta que o elaborei e é como tal que assumirei a responsabilidade do que nele houver de desvio em relação às fontes (p. 15).

As citações deixam evidente o grau de mistura e hibridação realizada entre o texto original e o texto retrabalhado, entre a fidelidade à fonte e a liberdade de criação, fazendo com que o poema se torne esse chão em perene trabalho de escavação, um palimpsesto composto por diferentes camadas de textualidades e registros, orais e escritos, que se influenciam mutuamente, num processo de contaminação criativa que transforma o livro todo (assim como *Observação directa*) numa obra em aberto, jamais um ponto de chegada definitivo.

É interessante observar que, entre os dois livros que se reúnem neste volume, *Ondula, savana branca* e *Observação directa*, passaram-se dezoito anos* e várias outras publica-

---

* CARVALHO, Ruy Duarte de. *Ondula, savana branca*. Luanda / Lisboa, União dos Escritores Angolanos / Sá da Costa Editora, 1982; CARVALHO, Ruy Duarte de. *Observação directa*. Lisboa, Cotovia, 2000.

ções. No entanto, Carvalho recupera, no ano de 2000, os mesmos procedimentos já utilizados na publicação de 1982, servindo-se de uma nota introdutória que situa o leitor nesse labirinto de referências e de andanças pelas paisagens culturais africanas, inclusive retrabalhando e reelaborando dados já selecionados e utilizados na coletânea de 1982, como se fossem "cartas do baralho" que ele volta a misturar na mesa sem restringir, no entanto, uma versão à condição de alicerce da outra. Na verdade, os dois livros são a continuação de um mesmo caminho, ainda que escritos e publicados à distância de dezoito anos, uma vez que existe um diálogo que costura as vozes das personagens que habitam as duas coletâneas — embora elas sejam sempre observadas com um olhar moderno e movediço, contrário à apreensão que as cristalizaria numa representação única e muda.

Vale destacar que, para Carvalho, a autonomia da criação literária é um elemento prioritário, que ele defende de forma clara na já citada introdução de *Ondula, savana branca*, na qual uma nota de pé de página explicita sua intenção de priorizar a "fruição poética" resultante da contaminação entre as diferentes cartas do baralho.*
No entanto, o poeta zela para que o teor documental das fontes consultadas também seja preservado. Por isso, insere no final da edição um minucioso aparato de "fontes, notas e referências" que detalham os livros e dados aos quais ele recorreu para a composição da obra.

---

* Para maiores detalhes sobre os diferentes processos compositivos presentes na escrita de Ruy Duarte de Carvalho, indico minha tese de doutorado, na qual me detive longamente sobre sua obra poética: AGUSTONI, Prisca. *O Atlântico em movimento. Signos da diáspora africana na poesia contemporânea de língua portuguesa*. Belo Horizonte, Mazza Edições, 2013. Algumas das reflexões que proponho nesse texto de posfácio partem das análises presentes neste livro.

Esse procedimento diferencia Ruy Duarte de outros autores que, conhecendo as fontes da oralidade, graças aos trabalhos antropológicos ou etnográficos, utilizam-nas como se elas não tivessem autoria ou, muito menos, como se não se estabelecessem a partir de ordens sociais complexas. Com o aparato das notas, o autor explicita que os textos pertencem ou derivam de determinadas culturas identificadas, mas se dá a liberdade de, como criador, operar interferências ou promover contágios.

Resulta disso uma noção do texto poético como borrão, como algo sempre em fase de retrabalho, o que me parece assumir um sentido particularmente interessante, quase alegórico, se pensarmos no contexto em que Carvalho escreve e publica os livros: primeiro, em plena guerra civil, em 1982, num momento em que o país está vivendo a destruição da utopia, mergulhado numa agônica procura de si mesmo, que adia temporariamente a adesão a qualquer tipo de fácil definição nacionalista; e depois, em 2000, quando o país parece estar caminhando para uma nova etapa de construção e de novos horizontes de paz e integração. Diante desse cenário complexo de um país em lancinante procura de si, sua obra se constrói, ao longo do tempo, acompanhando os sobressaltos e as mutações das comunidades desse território variado, como um mosaico composto por retalhos de temporalidades, culturas, vozes e esboços de uma paisagem afetiva, humana e social que precisa resistir ao esquecimento.

Esses esboços ou recomeços, podemos dizer, são a obra em si, em composição — o processo, as repetidas tentativas de aproximação a um utópico e inalcançável "texto definitivo", sempre em devir, assim como o país que revela dolorosamente suas feridas e seu projeto de nação.

Nesse sentido, é possível identificar um fundo utópico em sua atividade como artista, intelectual e sujeito inquieto, metamórfico. Ruy Duarte de Carvalho se desdobrou em várias linhas discursivas, através das múltiplas aproximações ao real, que tentou expressar ao longo da vida, seja pelo viés do cinema ou do documentário (sua primeira profissão, na Televisão Popular de Angola, que exercerá ao retornar de Londres, onde se formou em Cinema até o fim dos anos oitenta); seja através da pesquisa antropológica (doutorou-se em Antropologia pela Universidade da Sorbonne, em Paris, em 1986); seja como poeta, ficcionista e escritor de literatura de viagem; seja como pesquisador e tradutor de registros etnográficos realizados em francês e inglês ou, ainda, como docente universitário que lecionou em Luanda (Angola), na Universidade de Coimbra (Portugal), na USP (São Paulo) e na Universidade de Berkeley (Estados Unidos). Paralelamente a esse percurso, Carvalho desenvolveu suas atividades como artista plástico.

Trata-se de um projeto multifacetado de compor a cartografia poética de um território desafiador, em constante processo de construção e esfacelamento. Nessa tarefa, percebemos o teor utópico do seu empenho ético e estético, uma utopia na práxis do engajamento como homem de cultura e de pensamento, que faz da própria matéria de trabalho (a palavra) uma forma de ritualizar e atualizar a memória, mesmo que para isso seja preciso interferir nela, ficcionalizando-a e contaminando-a com experimentações estéticas. Dessa maneira, ao trazer a sabedoria das comunidades tradicionais, cujas narrativas são de extração oral, para o campo da literatura escrita, Carvalho ressignifica uma memória rasurada e ferida, projetando-a para o futuro e, ao mesmo tempo, reconfigurando o sentido da utopia como sendo a manutenção de uma memória que alicerça a construção de um país no qual todas as vozes possam se reconhecer como habitantes do mesmo território.

De fato, assim como acontece com os territórios africanos, habitados por diversas etnias e suas respectivas culturas, situadas, às vezes, a distâncias mínimas umas das outras, independentemente das fronteiras nacionais traçadas pelo padrão geopolítico atual, também esses dois livros de Carvalho se apresentam como um território habitado por uma polifonia de vozes das tradições Fulani, Iorubá, Pigmeia, Bantu, Ngoni, Didinga, Akan, Dinkas, Xhosa, Thonga, Somali, Mensa, Bosquímana, Zulu e Kwanyama. E com elas, a elas misturada, às vezes sobreposta, às vezes escondida, a própria voz do poeta.

Os dois livros, nascidos a partir de um diálogo ininterrupto com essas culturas, lembram o trabalho silencioso de um sismógrafo que detecta os pequenos tremores e desarranjos na superfície de um "chão de ofertas" — a memória coletiva de um espaço que perdeu ou está prestes a perder traços das próprias culturas tradicionais, detentoras de uma compreensão do mundo atemporal. Da mesma maneira, os poemas são constituídos como intersticiais, mutantes, imprevisíveis e, por isso mesmo, detonadores de reviravoltas epistemológicas e estéticas entre o universo oral e o escrito, sem hierarquizar as relações entre as duas instâncias.

Nesse sentido, a obra de Ruy Duarte de Carvalho é testemunha do trabalho original de um antropólogo-

-poeta ou de um poeta-antropólogo, que promove no interior do seu texto um diálogo tensionado e horizontal entre as duas dimensões, revelando um olhar atento sobre a realidade e a história, mesclando gêneros (poema em prosa, notas antropológicas, transcrições de cantos, traduções de outros registros, etc.), ao mesmo tempo que cria uma interpenetração instigante de paisagens humanas, geográficas, simbólicas e linguísticas.

Carvalho faz do seu processo criativo um experimento de progressiva escavação das camadas profundas da linguagem para extrair delas as vozes mais resistentes e brilhantes. Nesse ponto, percebemos quão contemporânea e experimental é sua poesia: à medida que o autor resgata a multiplicidade do saber tradicional, através de provérbios que conferem aos poemas um tom oracular, antigo, o poema funciona como uma câmera em movimento, incapaz de pousar numa imagem fixa. Esse processo compositivo é fruto de um trabalho de arranjo semiótico, que recusa a fixação e procede por uma espécie de nomadismo linguístico.

Como assinalam os professores Nazir Ahmed Can e Rita Chaves,[*] justamente a respeito da natureza quase fílmica da escrita de Ruy Duarte de Carvalho, isso se deve ao seu caráter viajante, inquieto, fronteiriço. Sua opção por falar das regiões e etnias mais ao sul de Angola, longe dos centros urbanos, constitui um elemento de resistência à representação única, idealizada e idealizante de uma nação centrada na imagem da cidade, e em

---

[*] CAN, Nazir Ahmed & CHAVES, Rita. "De passagens e paisagens: geografia e alteridades em Ruy Duarte de Carvalho". In: ABRIL. Revista do Núcleo de Estudos de Literatura Portuguesa e Africana da UFF, Vol. 8, nº 16, 1º sem., julho de 2016, pp. 15-28.

particular dos *musseques*,* perceptível nas obras da chamada "geração da utopia". Desde o começo da sua trajetória, Carvalho evidencia essa opção por uma virada da atenção rumo ao sul do país, rumo a outras paisagens, fugindo do protagonismo assumido pela representação urbana. Seu livro de estreia, *Chão de oferta*, de 1972, abre-se com um poema emblemático, "O sul", demonstrando qual era a linha do seu horizonte:

> O sol   o sul   o sal
> as mãos de alguém ao sol
> o sal do sul   ao sol
> o sol   em mãos de sul
> e em mãos de sal   ao sol [...]**

A paisagem meridional do país está associada ao sol e ao sal, dois elementos recorrentes ao longo da coletânea. Por exemplo, a sequência "as mãos de alguém ao sol" insinua uma presença humana que, discreta, será uma alusão afetiva e simbólica em sua obra. No mesmo livro, outros poemas fazem referências explícitas ao sul do país, inclusive em seus títulos. Essa é a região onde o poeta cresceu, como indica ao dizer "Venho de um sul", "de uma nação de corpos transumantes".***

---

* A esse respeito, vale citar como emblema dessa representação do *musseque* como lugar onde é construída a nova identidade de uma Angola pós-colonial os belíssimos livros de contos de Luandino Vieira, *A cidade e a infância* e *Luuanda,* obras publicadas recentemente no Brasil.
** In. CARVALHO, Ruy Duarte de. *LAVRA. Poesia reunida. 1970/2000.* Lisboa, Cotovia, 2005, p. 13.
*** Idem, p. 35.

O poeta persegue o rastro dos movimentos das comunidades nômades, pastoris, cujo registro extrapola os recursos de captação por meio de um único gênero literário. O nomadismo das comunidades que interessam ao antropólogo desafia a capacidade de representação do poeta, que, para tentar traduzir esse universo, precisa reinventar o seu instrumento de trabalho, a língua. Eis por que a linguagem de Carvalho dialoga com a realidade que ele quer descrever, diluindo os gêneros, causando desarranjos internos e procurando uma maneira de dar conta, ela mesma, de certas características intrínsecas do nomadismo. A esse respeito, lembrando a lição de Roland Barthes, um teórico caro a Ruy Duarte, a palavra poética que surge desse lugar intersticial, móvel, será ela mesma deslizante, "intratável", abridora de caminhos inaugurais: a reinvenção constante de formas e sentidos relativos aos símbolos das culturas africanas tradicionais, longe da espetacularização folclórica, confere esse caráter escorregadio ao signo poético.

A face multifacetada do poeta, que transita de um gênero para outro, numa espécie de nomadismo literário, revela seu desejo de não querer aprisionar o país numa única representação e, ao mesmo tempo, "procurar formas textuais onde a escrita possa acionar uma espécie de 'câmera em movimento'".[*] Isso demonstra uma tentativa de conhecer e apreender o espaço e seus valores da mesma maneira como se constrói a visão do mundo das comunidades pastoris, nômades — em perene transumância.

[*] CAN, Nazir Ahmed & CHAVES, Rita. "De passagens e paisagens: geografia e alteridades em Ruy Duarte de Carvalho". In: *ABRIL. Revista do Núcleo de Estudos de Literatura Portuguesa e Africana da UFF,* Vol. 8, nº 16, 1º sem., julho de 2016, p. 25.

Enfim — num mundo globalizado no qual imagens, pessoas, notícias e vírus circulam numa rapidez desafiadora; no qual nos sentimos incapazes de frear o ruir da memória, a extinção de línguas autóctones, o ataque às florestas e o extermínio de comunidades originárias; no qual assistimos às ameaças à memória coletiva em países como Angola e Brasil — interessa-nos, e muito, a obra de Ruy Duarte de Carvalho. Um poeta imenso que estabeleceu um compromisso com a pluralidade e a escuta, e projetou a memória das comunidades do seu país e do seu continente em direção a um futuro que se recusa a ancorar numa narrativa única.

Ao migrar para essa outra margem do Atlântico, esperamos que essa busca de Ruy Duarte de Carvalho se multiplique através de mais leitores e de novas ressignificações.

Julho de 2021

Copyright © 2022 Herdeiros de Ruy Duarte de Carvalho

Edição apoiada pela DGLAB - Direção-Geral do Livro, dos Arquivos e das Bibliotecas

Todos os direitos reservados. Nenhuma parte desta obra pode ser reproduzida, arquivada ou transmitida de nenhuma forma ou por nenhum meio sem a permissão expressa e por escrito da Editora Fósforo e da Luna Parque Edições.

EQUIPE DE PRODUÇÃO
Ana Luiza Greco, Fernanda Diamant, Julia Monteiro, Leonardo Gandolfi, Mariana Correia Santos, Marília Garcia, Rita Mattar, Zilmara Pimentel
PREPARAÇÃO Zilmara Pimentel
REVISÃO Geuid Dib Jardim
PROJETO GRÁFICO Alles Blau
EDITORAÇÃO ELETRÔNICA Página Viva

 A marca FSC® é a garantia de que a madeira utilizada na fabricação do papel deste livro provém de florestas gerenciadas de maneira ambientalmente correta, socialmente justa e economicamente viável e de outras fontes de origem controlada.

Dados Internacionais de Catalogação na Publicação (CIP)
(Câmara Brasileira do Livro, SP, Brasil)

Carvalho, Ruy Duarte de, 1941-2010
  Ondula, savana branca : seguido de Observação directa / Ruy Duarte de Carvalho. — São Paulo : Círculo de Poemas, 2022.

  ISBN: 978-65-84574-05-2

  1. Poesia angolana (Português) I. Título.

22-106594   CDD — A869.1

Índice para catálogo sistemático:
1. Poesia : Literatura angolana em português   A869.1
Cibele Maria Dias — Bibliotecária — CRB-8/9427

CÍRCULO *Luna Parque*
DE POEMAS *Fósforo*

circulodepoemas.com.br
lunaparque.com.br
fosforoeditora.com.br

Editora Fósforo
Rua 24 de Maio, 270/276, 10º andar
01041-001 — São Paulo/SP — Brasil

CÍRCULO *Luna Parque*
DE POEMAS *Fósforo*

Este livro foi composto em GT Alpina e GT Flexa e impresso pela gráfica Ipsis em maio de 2022. Partir de uma palavra. Partir numa palavra. Confirmações possíveis. Fidelidade a quê? Texto, lugar do encontro. O pensamento, o tempo, a emoção, o som. Regra primeira — humildade.